DE L'ÉROS COSMOGONIQUE

Du même auteur

Ludwig Klages, *La Nature du rythme*, texte traduit et présenté par Olivier Hanse, L'Harmattan, 2004.

Du traducteur

Stefan George, *L'Étoile de l'alliance*, poèmes traduits de l'allemand et présentés par Ludwig Lehnen, La Différence, 2005.

Ludwig Lehnen, *Mallarmé et Stefan George. Politiques de la poésie à l'époque du symbolisme*, Presses de l'Université Paris-Sorbonne (PUPS), 2008.

Ludwig Klages

DE L'ÉROS COSMOGONIQUE

Traduit de l'allemand et présenté
par Ludwig Lehnen

L'Harmattan

5-7, rue de l'Ecole polytechnique ; 75005 Paris

http://www.librairieharmattan.com
diffusion.harmattan@wanadoo.fr
harmattan1@wanadoo.fr

ISBN : 978-2-296-06945-9
EAN : 9782296069459

REMERCIEMENTS

Le traducteur remercie la *Klages-Gesellschaft Marbach E.V.* pour le financement des droits ainsi que Thierry Roger pour la relecture du manuscrit.

Titre original : *Vom kosmogonischen Eros* (1921)
traduit d'après la $10^{\text{ème}}$ édition (ISBN 3-416-00272-5)

AVANT-PROPOS

Qui était-ce qui, le premier,
Avait corrompu les liens d'amour
Et en avait fait des chaînes ?
Alors de leur propre droit
Et certes aussi du feu céleste
Les insurgés avaient ri, alors seulement
Ils avaient méprisé les sentes des mortels
Et choisi la témérité,
Aspirant à égaler les dieux.

HÖLDERLIN

Le désert s'étend: malheur à celui qui recèle des déserts!

NIETZSCHE

Ce qui n'a pu être miracle, veut devenir œuvre; ce qui n'a pu devenir œuvre, devient action. Mais l'action est destructrice.

KLAGES

Les grandes œuvres philosophiques qui restent sont certainement celles qui contiennent sinon *la* du moins *une* « vérité » qui leur est propre et qu'elles ont pu exprimer de la manière la plus probante et la plus achevée. L'œuvre philosophique de Ludwig Klages (1872-1956), malgré ce qu'il en semble actuellement, est sans doute de celles-ci. Même si sa réception, considérée dans son ensemble, a en réalité été relativement importante, elle s'était surtout faite de manière partielle ou souterraine. La thèse principale de sa philosophie se heurte en effet à un rejet quasi instinctif, à un refoulement au sens freudien[1], que l'auteur lui-même avait thématisé dans la conclusion de son œuvre principale *L'Esprit en tant qu'antagoniste de l'âme* (1929-1932). Or, à l'heure où la croyance dans le « progrès infini » de l'humanité semble définitivement perdre sa force de conviction et où les réactions manquent généralement d'une perception « radicale » du problème, c'est-à-dire, de sa racine, non seulement le prophétisme pessimiste du philosophe, mais aussi son explication « métaphysique » (selon l'emploi que Klages lui-même fait de ce terme) du « déclin de l'Occident » (et du monde occidentalisé, c'est-à-dire, aux yeux de Klages, du reste du monde) rendent peut-être un plus grand nombre de lecteurs sensible à cette « vérité » que toute son œuvre tend à démontrer, à savoir que « l'esprit », du moment qu'il s'est entièrement détaché des liens avec l'âme et le cosmos, finira par détruire la terre et l'humanité.

Né le 10 décembre 1872 à Hanovre, où il avait également passé les années mouvementées de son enfance et de sa jeunesse, Ludwig Klages fit ensuite des études de chimie à Leipzig et, depuis 1893, à Munich. Il sera promu docteur en chimie en 1901. Son véritable intérêt se portait cependant vers la philosophie, la psychologie et l'archéologie. La vie intellectuelle de Munich était à cette époque en pleine effervescence, les talents les plus divers s'y rencontraient venant de l'Allemagne entière. Ils se retrouvaient, en tant que « bohèmes », comme on les qualifia plus tard, et au-delà de toutes les différences et à des degrés divers, dans le rejet des formes de vie et de pensée bourgeoises. C'est également à Munich, où Klages vivra jusqu'en 1915, date de son installation définitive en Suisse, qu'il fit la connaissance du poète

---

[1] *Cf.* Robert Josef Kozljanič, *Lebensphilosophie*, Stuttgart: Kohlhammer, 2004, p. 188-189.

Stefan George (1868-1933), avec lequel il entretiendra des rapports plus ou moins tendus, jusqu'à leur rupture en 1904. En réalité, Klages s'était toujours senti peu d'affinités avec lui et cette rupture n'est sans doute pas seulement l'expression de la susceptibilité exacerbée de chacun, mais aussi celle d'une incompatibilité profonde, plus ou moins pressentie, entre deux conceptions du monde. Plus décisive fut pour Klages la rencontre avec Alfred Schuler (1865-1923), comme il le souligne lui-même, pour la première fois publiquement, dans les notes de notre texte. À la même époque, il découvre la philosophie de Nietzsche et, surtout, les écrits de Jakob Bachofen (1815-1887)[2], archéologue suisse et théoricien du matriarcat et de la religion archaïque, auquel, dans ces mêmes notes, il rend également hommage.

Sous l'influence conjointe de Schuler et de Bachofen, Klages « se décide », comme il l'écrira dans l'avant-propos

---

[2] Voir: Jakob Bachofen, *Le Droit maternel. Recherche sur la gynécocratie de l'Antiquité dans sa nature religieuse et juridique*, trad. de l'allemand par Étienne Barilier, Lausanne: L'Âge d'Homme, 1996. *L'Esprit en tant qu'antagoniste de l'âme* de Klages est, avec *Révolte contre le monde moderne* du théoricien italien de la « tradition primordiale », Julius Evola (traduit de l'italien par Philippe Baillet, Lausanne : L'Âge d'Homme, 1991), sans doute le reflet le plus important de la « renaissance bachofenienne » du début du 20e siècle dans le domaine philosophique. On remarquera que, tout en se ressemblant quant aux dimensions et au schéma général de décadence, la construction de la « Tradition » par Evola et celle du « Pélasgisme » par Klages s'opposent diamétralement dans leur valorisation respective de l'« esprit » et de l'« âme ». Evola valorise comme Bachofen « l'esprit » (associé au patriarcat, à l'État *etc.*) mais, à la différence de Bachofen, ce n'est pas le matriarcat qu'il situe à l'origine mythique ; Klages partage le schéma général de Bachofen sans cependant considérer comme celui-ci l'évolution du matriarcat, dominé par l'âme, au patriarcat, dominé par l'esprit, comme un progrès. Notons qu'il y avait aussi une réception « à gauche » des thèses de Bachofen (qui lui-même était profondément réactionnaire), inaugurée par Friedrich Engels.

de ses fragments dits « posthumes », pourtant publiés de son vivant, « à la croyance en la réalité des forces mythiques »[3] et comprend rétrospectivement que pendant sa jeunesse, vécue dans une sorte d'ivresse extatique et poétique, il avait eu le privilège d'avoir lui-même été « plongé en leur milieu ». Il se convainc alors qu'il avait pu faire l'expérience de ces forces mythiques « à l'état de résidu », mais que « la vie de l'humanité originelle avait dû en être déterminée entièrement ». Désormais, le plan de sa vie est arrêté, il se sent le « devoir de témoigner de cette expérience inouïe » : « Une puissance extra-humaine me force à transmettre ce récipient de l'ardeur originelle : car c'est le désir de procréer de l'ardeur originelle elle-même »[4] qui s'y exprime selon lui.

La première expression quasi spontanée de cette expérience mystique (d'une mystique cependant entièrement intra-mondaine) sera pour Klages la poésie, qu'il avait pratiquée intensément depuis ses années de lycée ; puis, pendant ses années d'études, revenu de la poésie, il s'essaie à des ébauches, bientôt avortées elles aussi, d'une « Métaphysique du paganisme », réunies sous le titre *Hestia* ; ces poèmes et ces esquisses seront publiés par Klages en 1944 dans les notes pseudo-posthumes, *Rythmes et Runes*, déjà citées. Or, pendant ses années munichoises, il se rendra compte que son véritable don n'est pas celui de la poésie, mais celui de l'analyse, et qu'il devra désormais l'alimenter d'une érudition étendue ; ou peut-être – car les jugements sur sa propre poésie sont d'une assurance qui peut étonner – estimait-il plus *efficace* de combattre l'ennemi sur son propre terrain, en se servant des mêmes armes que lui mais à une autre fin, et de « labourer le champ des sciences,

---

[3] Klages, *Rhythmen und Runen. Aus dem Nachlass*, Leipzig: Johann Ambrosius Barth, 1944, p. 18.

[4] *Ibidem*, p. 519.

dans la mesure où [il a] pu [s']en emparer, par la charrue de la mystique »[5]. De ce point de vue, on peut dire qu'en abandonnant l'expérience poétique pour l'analyse philosophique, il prend le chemin inverse de Martin Heidegger. Même si l'expérience poétique (ou plus exactement originelle) reste le cordon caché de toute sa philosophie à venir et qu'il cite souvent des poèmes, notamment dans *L'Éros cosmogonique*, elle n'infléchira jamais directement son style philosophique, comme c'est le cas du dernier Heidegger, qui, par ailleurs, avait beaucoup d'estime pour l'œuvre de Klages.

Il concevra donc ses œuvres – même celles à venir – comme des « monuments funèbres », des stèles commémoratives érigées à la fois à sa jeunesse, mais plus encore, puisque celle-ci fut surtout la révélation qu'il plongeait ses racines psychiques dans des « temps diluviens », à cette humanité archaïque qui depuis longtemps n'est plus et dont s'est perdue, dans l'humanité historique, jusqu'à la faculté d'imaginer seulement les prémisses vitales et son « état de conscience » spécifique. Des monuments, ses œuvres, et surtout son opus magnum *L'Esprit en tant qu'antagoniste de l'âme*, le seront, ne serait-ce que par leurs dimensions, effectivement monumentales.

Citons à ce propos quelques lignes de l'introduction de *Rythmes et Runes* datant de 1915. C'est en effet à ce moment, et sous l'impression de la catastrophe de la Première Guerre mondiale – qu'il fut par ailleurs, avec Stefan George, un des rares intellectuels allemands à ne pas accueillir, tant s'en faut, avec enthousiasme – que Klages pensait déjà au tombeau de son âme, considérant ses vers comme son bien le plus précieux, moins en tant que témoignages subjectifs, voire des « œuvres d'art », terme généralement, comme pour un certain courant de la pensée

---

[5] *Ibidem*, p. 20.

post-structuraliste, à connotation négative sous sa plume, mais en tant que réceptacle de « frissons cosmiques » :

« Toutes les barrières du sang et de la race, des cultes et des symboles, des coutumes populaires et des arts nés du foyer, sont renversées ; et le déchaînement furieux et effréné de l'incendie ravageur du 'capitalisme' arrache aux éléments, en les étouffant et en les engloutissant dans le néant, forêts, animaux et cœurs disposés au chant. Irrésistiblement, l'humanité ancienne s'en va – s'en va la vie originelle de la planète, et déjà le jour effroyable est proche où, privé de la nourrissante matière d'âme, l'intermède de la 'raison pensante' lui aussi se paralyse et où avec l'ère (non plus de l'homme, mais) de l'automate post-historique commence le dernier acte, celui de l'agonie. Voyant ce destin inéluctable devant moi, je conçus comme ma vocation d'ériger un monument à la vie, qui recèlerait dans son plus intime le feu sacré dont avaient jailli les chants de ma jeunesse, enfermé dans les murs suspendus du savoir, couronné des symboles gorgonéens de la mystique, mais montrant vers l'extérieur les bastions de la conviction endurcis de preuves, contre lesquels – *similia similibus* ! – la raison doit se briser. Une forteresse de Troie des frissons du monde originel sous la coupole de l'éternité – et en même temps, comme les sphinx et les pyramides, un monument des prodiges disparus, jetant le feu de sa rage dans l'avenir ; et enfin un trésor et un arsenal pour l'initié, au cas où, malgré tout, cet hiver serait encore une fois suivi d'un nouveau printemps. »[6]

Les contributions de Klages à la graphologie, à la science du caractère et de l'expression, à la phénoménologie, à la psychologie et à la philosophie, aussi considérables fussent-elles, sont toutes secondaires à ses yeux du moment que l'on croit pouvoir les séparer de cette impulsion essentielle qui

---

[6] *Ibidem.*

repose sur la critique de la civilisation, entreprise au nom de la défense de la vie.

*

Même si tout résumé de l'idée principale que défend Klages dans son œuvre maîtresse *L'Esprit en tant qu'antagoniste de l'âme*, forte de 1500 pages denses et souvent ardues, risque inévitablement de contribuer à perpétuer les simplifications qui ont généralement cours à son égard et que seule la lecture peut contrer efficacement, relevons-en néanmoins quelques traits, étant donné que *L'Éros cosmogonique* (1922) peut à maint égard se lire comme une introduction à l'*Antagoniste*. Toute l'œuvre de Klages tourne autour de ce moment dans l'histoire de l'humanité que le philosophe sait de son propre aveu ne pas pouvoir « expliquer » en lui-même – celui où elle se sépare de la vie cosmique dans une scission si profonde et durable qu'elle reste pour certains abstraite à jamais. Comme l'histoire proprement dite est pour Heidegger celle de « l'oubli de l'Être », ou pour Mallarmé, sur le plan poétique, celle d'une « déviation homérique », c'est-à-dire du régime de la représentation anthropocentriste avant laquelle régnait, dans une symbiose magique avec le monde, le seul Orphée, pour Klages « l'esprit », en tant que force extra-temporelle et extra-spatiale, par le moyen de l'homme tout en venant de l'extérieur de l'homme, tend à détruire la polarité anthropologique originelle entre l'âme et le corps. L'« esprit » est pour Klages une puissance essentiellement étrangère à la « vie ». Moteur de « l'histoire universelle », il reste dans la dépendance de l'âme dans la phase « prométhéenne » de l'humanité et peut produire des civilisations grandioses ; dans la phase « héracléenne », il s'en émancipe définitivement et subjugue la vie en tant que volonté devenue autonome. C'est en effet, comme Hans Eggert

Schröder l'a souligné à juste titre[7], moins en tant que raison ou intellect qu'en tant que volonté de puissance qu'il joue ce rôle fatal, aboutissant implacablement, selon Klages, à l'anéantissement de l'humanité et à la dévastation de la planète. « L'esprit, *en tant que* force inhérente à la vie, signifie une force dirigée contre la vie ; la vie, dans la mesure où elle est devenue porteuse de l'esprit, s'oppose à lui par un instinct de défense. – La nature du processus 'historique' de l'humanité (appelée aussi 'progrès') est la lutte victorieuse et progressive de l'esprit contre la vie avec la fin prévisible (de manière logique seulement) et la destruction de cette dernière – »[8].

Dans l'interprétation de la volonté et de la volonté de puissance, synonymes, Klages se sépare ainsi de Nietzsche, auquel il a par ailleurs consacré un livre[9]. Déjà dans *Rythmes et runes* on peut lire : « La condition biologique de la volonté est l'existence d'un élément d'entrave dans le flux de l'âme. »[10] Comme pour la plupart des vitalistes, la vie, dont « l'âme est porteuse », se caractérise par le flux héraclitéen. Mais l'erreur de Bergson, par exemple, consiste à ses yeux de postuler un « flux de la conscience », alors que la conscience, relevant de l'esprit, arrête justement le flux vital ou celui de l'âme. Ainsi, Bergson ne franchit pas le seuil qui sépare le logocentrisme du biocentrisme, concepts par ailleurs forgés par Klages, et reste prisonnier de la méta-

---

[7] Hans Eggert Schröder, « Einführung in das Werk von Ludwig Klages », dans: Ludwig Klages, *Mensch und Erde. Zehn Abhandlungen*, Stuttgart: Kröner, 1952, p. 202.

[8] *Der Geist als Widersacher der Seele*, 4. Auflage, Bonn : Bouvier, 1960, p. 69.

[9] *Die psychologischen Errungenschaften Nietzsches*, Leipzig: Johann Ambrosius Barth, 1926.

[10] *Rhythmen und Runen*, *op. cit.*, p. 478.

physique transcendantale et dualiste[11]. Contrairement à Nietzsche donc, la volonté de puissance n'est pas le fondement de la vie elle-même : « C'est une des doctrines erronées les plus anciennes de l'humanité de croire que la volonté meuve, qu'elle crée même, alors qu'elle retient, au contraire, la vibration incessante du mouvement vital. Nous sommes des êtres *voulants* dans l'exacte mesure où nous opprimons la pulsation instinctive »[12]. « La 'volonté de puissance' ne doit pas être comprise comme un simple égoïsme ou un instinct de survie animal ; elle constitue la contrainte à l'auto-affirmation et le fondement de tout comportement basé sur le jugement et sur l'acte »[13].

Une autre distinction fondamentale qui en découle est celle entre « l'état de conscience pensant » (*denkender Bewußtseinszustand*) et « l'état de conscience voyant » (*schauender Bewußtseinszustand*), comme celle entre les « images de la perception » (*Wahrnehmungsbilder*), relevant du premier, et les « images expressives » (*Ausdrucksbilder*), qui, pour Klages, sont les seules images « réelles ». Et à la pensée symbolique qui procède par analogie s'oppose pareillement la pensée rationnelle ou discursive qui ne connaît que « choses », « faits » et relations de cause à effet. Or, seulement sur les ruines du monde des phénomènes,

---

[11] Les disciples de George, quant à eux, décèlent également dans la philosophie de Bergson la présence du dualisme chrétien entre esprit et matière, mais opposent à la valorisation en dernière analyse négative de la matière et au flux de la conscience la *Gestalt*, et s'éloignent en cela encore davantage de Klages. Voir Ernst Gundolf, « Die Philosophie Henri Bergsons », dans *Jahrbuch für die geistige Bewegung*, III, 1912, p. 32-92, repris dans : Ernst Gundolf, *Werke*, Amsterdam : Castrum Peregrini, 2006, p. 42-110.

[12] *Ausdrucksbewegung und Gestaltungskraft*, 4. Auflage, Leipzig : Johann Ambrosius Barth, 1923, p. 104.

[13] *Der Geist als Widersacher der Seele*, *op. cit.*, p. 73.

estime Klages, le dogme du lien entre cause et effet peut faire ses preuves.

L'état de conscience pré-historique, que Klages appelle de manière idéaltypique, et à la suite de Bachofen, aussi « pélasgien », était donc dominé selon lui par les images, la « réalité des images ». La connaissance des images n'est pas accessible à l'esprit : « Le monde *pensable* est une construction de *choses* (y compris de leurs qualités et de leurs états) et situé en dehors du monde de l'événement ; de même, en tant qu'une construction de points mis en relation entre eux, il est un monde en dehors des phénomènes, et pour les deux raisons, il est en dehors de la réalité des *images* »[14].

La réalité des images est la doctrine centrale de l'œuvre du philosophe, qu'il expose également dans *L'Éros cosmogonique* : la réalité vivante est selon lui toujours une réalité *des images* et sur sa capacité de voir la substance d'image propre à la réalité se fonde la dignité de l'homme. Inversement, de l'aveuglement progressif à l'égard de cette substance découlent pour lui l'involution fatale de l'histoire universelle et l'accroissement dangereux de la volonté de puissance ; mais la destruction de toute nature n'est rendue possible que par une humanité qui a perdu la capacité de voir la substance d'image de ce qu'elle détruit.

En insistant sur la *réalité* des images, Klages s'inscrit donc en faux contre les théories de « l'animisme » (dans le sens de « fiction d'une essence des phénomènes par projection de l'âme ou de l'esprit humains » (*Wesenhineindichtungen*), et les théories de « l'intuition » (*Einfühlung*), qui dominent la plupart des travaux ethnologiques de la deuxième moitié du 19e siècle. Il approuve ainsi Max Müller, qui se distingue à ses yeux positivement de ses collègues lorsque celui-ci se moque de l'idée « absurde »

---

[14] *Ibidem*, p. 75.

mais représentative, pour Klages, de la « prétention rationaliste », selon laquelle « âme » devait s'identifier à « âme personnifiée » : quand le 'primitif' parle du « tonnerre rugissant », il ne s'agit pas de s'imaginer le tonnerre comme un être humain avec bras et jambes », ironise Müller. Cependant, dans son ouvrage *Origine de la religion*, Müller succombe, lui aussi, selon Klages, à « l'erreur commune » lorsqu'il postule conformément à sa foi en le pouvoir créateur du logos qu'il ne s'agit, dans ces phénomènes, que de « métaphores »[15]. Klages, au contraire, refuse la distinction entre « sens littéral » et « sens métaphorique », relevant d'une vision d'emblée anthropomorphe. Il y a, pour lui, plutôt que transposition anthropocentrique, une *essence commune* aux différents phénomènes, l'idée, dans l'exemple choisi, du « rugissement » en lui-même dans une expérience symbiotique dont la langue porte encore la trace. C'est à cette occasion qu'il rappelle sa découverte du « Ça » (*Es*) qu'il avait systématisée bien avant Freud[16] : « Car il ne s'agit pas de choisir entre un 'discours littéral' et un 'discours métaphorique', mais de savoir si avec l'essence du 'rugissement' on doit réellement désigner une personne rugissante ou un bœuf rugissant dans ce que l'âme attentive retrouve, entre autres, dans le tonnerre. Il ne s'agit certes *pas* de personnes dans ce qui, à un stade de désenchantement avancé, s'est si souvent réfugié dans le pronom impersonnel *es* et dans lequel nous ressentons par exemple, et de manière

---

[15] *Ibidem*, p. 384.

[16] C'est-à-dire depuis 1910, alors que Freud ne l'introduit qu'en 1923 (*Das Ich und das Es*) en l'empruntant à Georg Grodeck, également en 1923 (*Das Buch vom Es*), tout en citant Nietzsche qui désigne par là « ce qu'il y a de non-personnel et, pour ainsi dire, de nécessaire par nature dans notre être ». *Cf.* Hans Kasdorf, *Ludwig Klages. Werk und Wirkung, Einführung und kommentierte Bibliographie*, t. 2, Bonn: Bouvier, 1974, p. 51.

plus forte que dans les tournures mi-poétiques que nous venons de citer, l'arrière-vibration de l'essence de la nuit lorsque nous disons *es nachtet* (*il* fait nuit) »[17].

La perception (ou vision) de ces « es » (*es brüllt, es nachtet etc.*), ce sont les essences, ou comme le dit Klages de manière volontairement ésotérique, les « démons », l'élément symbiotique entre tous les vivants, y compris l'homme, et non une simple projection de l'esprit humain, soit arbitraire soit angoissé, dans une nature vidée de substance qu'il peuple ainsi d'« âme » humaine et des « métaphores » anthropomorphisantes. Le phénomène ou l'événement prime ainsi dans la conscience archaïque sur les noumènes et sur les choses, qui certes existent aussi, mais qui ont un statut fondamentalement différent : « Dans la pensée conceptuelle, le réel, ou son squelette, ce sont les choses, et les essences rien qu'une invention fantaisiste..., dans la pensée symbolique, en revanche, les essences sont ce qu'il y a de réel, et les choses sont non pensées (*unbedacht*) ou seulement des outils au service des phénomènes vitaux ou le siège des essences ('idoles') »[18]. La pensée conceptuelle détruit ainsi la relation des images en y substituant la relation entre choses et finit par remplacer le phénomène par le noumène et les forces « physiques ». Le primitif, le Grec ou le Christ, ne confondent pas réellement le symbole avec l'objet lui-même, ni, en tant que « névrosés », les images de leurs désirs avec les faits ; plutôt, l'identité conceptuelle ou factuelle est-elle d'un tout autre ordre que l'identité symbolique ou « essentielle », du moment qu'elle est évaluée par rapport à la réalité des images[19].

---

[17] *Der Geist als Widersacher der Seele, op. cit.*, p. 384-385.

[18] *Ibidem*, p. 385.

[19] *Cf. ibidem*, p. 390-391.

Or, l'âme, selon Klages, ne peut s'exprimer que dans des images. La chasse aux « images » et aux « idoles » (synonymes pour Klages, qui cependant consacre de longs développements à la dérive des « superstitions »), inaugurée par le monothéisme judéo-chrétien, ainsi que la destruction de l'anthropologie antique tripartite esprit-corps-âme, dominante encore dans la phase « prométhéenne », par le dualisme cartésien ne connaissant plus que l'esprit et la matière et reléguant « l'âme » aux divers romantismes par cela même subversifs, ne feront alors qu'exacerber cet antagonisme fatal : « Culte des faits et culte des images doivent ainsi se combattre depuis que le premier s'est arrogé le droit de qualifier le second de démonisme ou de démence. » « Maintenant », ajoute Klages, « que nous avons révélé, pour la première fois, le détachement de l'esprit par rapport à la vie et son étrangeté par rapport à la réalité, il est trop tard. Le monde dégoutte du sang des images détruites et mutilées et les âmes ligaturées se dessèchent »[20].

S'agit-il, en tout cela, d'une philosophie « irrationaliste », comme cela a été souvent reproché à Klages, surtout de la part de ceux qui ne l'ont guère lu ? Le philosophe répond à cette objection dans la conclusion de l'*Antagoniste* : « Si l'on entend par rationalisme culte de la raison ou de l'entendement, notre ouvrage rejette le rationalisme et défendrait, si l'on veut, un irrationalisme ; mais si l'on entend par irrationalisme la mise à l'écart du principe d'objectivité (= de la logique) en faveur d'une quelconque pensée subjectiviste ou relativiste (et c'est de cela qu'il s'agit actuellement dans la plupart des cas), notre ouvrage se placerait du côté du rationalisme en condamnant fermement ce prétendu irratio-

---

[20] *Ibidem*, p. 393.

nalisme, qui, à l'évidence, serait le dernier et le plus grave – triomphe de l'esprit »[21].

Car, insiste Klages une fois de plus, l'essence de l'esprit est non pas dans l'intellect mais dans la volonté, et par son ouvrage il aurait même essayé de démontrer que c'est justement « en fonction de l'accroissement de la souveraineté de l'esprit (= du néant positif) que l'objectivité doit battre la retraite ». Car « plus la pensée est au service de la volonté (phase héracléenne), et plus la volonté s'émancipe, plus elle s'identifie à l'arbitraire absolu » et l'esprit en soi devient ainsi l'acte en soi et doit être défini, dans l'organisme de l'homme, comme « le centre constitutionnel de l'action ». Klages se défend ainsi explicitement de l'erreur d'avoir confondu la révolte contre des cultes éphémères de la raison avec un savoir métaphysique. Il ne s'agit pas de la simple critique d'une raison devenue accidentellement instrument de domination, mais de l'essence intrinsèque de celle-ci, sinon de sa « dialectique », comme diront Adorno et Horkheimer, en s'inspirant dans leur critique de la « raison » sans doute largement de notre auteur[22].

Nous l'avons déjà dit à plusieurs reprises, le philosophe considérait cette évolution comme une fatalité et expliquait le rejet violent de son œuvre par le pessimisme profond qu'elle recèle et par l'absence de tout « programme ». Comme Heidegger, il pensait qu'il n'était pas dans le pouvoir de l'homme d'arrêter la course effrénée de l'humanité vers son déclin et que « seul un dieu peut nous sauver », c'est-à-dire un « miracle ».

---

[21] *Ibidem*, p. 1419.

[22] *Cf.* Th. W. Adorno/Max Horkheimer, *Dialektik der Aufklärung. Philosophische Fragmente*, Amsterdam, 1947; *La Dialectique de la raison. Fragments philosophiques*, trad. de l'allemand par E. Kaufholz, Paris : Gallimard, 1983.

Cependant, il n'estimait pas que son ouvrage fût dépourvu de toute implication éthique, loin de là. Aussi ne conteste-t-il pas, dans la conclusion de *L'Esprit en tant qu'antagoniste de l'âme,* « que la manière de vivre de toute personne qui se serait pénétrée profondément de ce savoir qui postule le combat de l'esprit contre la divinité tragique de la vie se déroulerait différemment dans des secteurs essentiels, et il en serait logiquement de même de l'humanité dans son ensemble si un tel savoir devenait, sinon un bien commun, du moins celui de ses élites. » Une telle éthique viserait alors à « un affaiblissement de la volonté de l'acte et à un renforcement de la volonté de l'œuvre »[23] et s'accomplirait, d'abord et par rapport au triomphe de la volonté de puissance, dans le geste de « l'omission » ou de « l'abstinence », du « ne pas faire » (*Unterlassung*) : « Car comme à une attitude tournée vers l'esprit correspond non seulement le faire et le vouloir en général, mais l'action dans un sens plus restreint, c'est-à-dire l'entreprise, l'acte, l'expansion 'conquérante' ; ainsi à une attitude détournée de l'esprit, grâce au renoncement à l'emprise, à la violation et à l''avenir' (et dont l'ambition de performance serait la perfection de l'œuvre) correspond l'abstinence par rapport à toutes les 'actions' »[24]. Que l'on s'imagine un seul instant, ajoute-t-il un peu plus loin, « ce que cela signifierait : qu'aucun peuple n'aurait plus l'ambition de jouer le chef de police de tous les autres (on appelle cela 'viser l'hégémonie universelle'), mais qu'une telle ambition serait à ses yeux, au contraire, le fardeau le plus pénible à porter ! »[25]

[23] *Ibidem*, p. 1428.

[24] *Ibidem*, p. 1427. Il va de soi que cette idée d'œuvre, intellectuelle aussi bien que manuelle, doit impliquer un rapport fondamentalement autre aux éléments pour ne pas relever de la volonté de puissance.

[25] *Ibidem*.

Le philosophe affirme dans plus d'un endroit de son œuvre qu'il n'y a pas de retour en arrière, surtout pas vers quelque barbarie anti-intellectuelle, mais tout au plus s'agirait-il d'ouvrir de nouveau les « esprits » à la *réalité* de l'âme et des images et de redimensionner ainsi, idéalement, l'esprit indépassable à leur échelle, dans des actes (et surtout, comme nous venons de le voir, les non-actes) d'abord individuels et quotidiens, qui sont des actes de la conscience redevenue sensible à ce qui la dépasse, sans tomber dans la vulgarité de la religion psychanalyste qui n'est que le reflet et le dernier avatar du rationalisme conquérant étendu aux domaines de l'irrationnel. L'œuvre de Klages est surtout, comme le souligne fort justement Olivier Hanse, une invitation à se détourner de tous les totalitarismes, notamment de celui de la technologie[26]. Elle prouve, parmi bien

---

[26] *Avant-propos*, dans : Ludwig Klages, *La Nature du rythme*, Paris : L'Harmattan, 2004, p. 15. – D'autres auteurs s'appliquent cependant, en Allemagne comme, de plus en plus, en France, à ne considérer les œuvres parmi les plus éminentes de la culture allemande (comme celles d'un Stefan George, d'un Ernst Jünger, d'un Martin Heidegger ou d'un Ludwig Klages) – et donc finalement *un* sinon *le* pan essentiel de celle-ci, à l'image de Mann et de Lukács (« de Schelling à Hitler », « de X à Auschwitz »), que (ou du moins avant tout) comme des préfigurations ou des mises en place « épistémologiques », « discursives », « symboliques », « sémiotiques » *etc.* du national-socialisme, de l'antisémitisme, des camps d'extermination, et réagissent avec hystérie dès qu'on les aborde en dehors de ces préoccupations. Ce phénomène réducteur est conforme au constat que la culture que l'on enseigne aux écoles et même aux universités est de plus en plus conditionnée par l'horizon de l'antifascisme et de l'antiracisme primaires, ce qui finira par desservir les meilleures causes. La philosophie poststructuraliste fournit le plus souvent les armes « méthodologiques » de telles démarches, et ces associationnistes seraient bien conseillés de faire un stage de logique et de rigueur conceptuelle chez un Klages, si le vrai problème n'était pas d'ordre idéologique. Le totalitarisme n'est pas toujours du côté que l'on croit.

d'autres, que l'homme européen n'a pas besoin de se tourner vers des sagesses exotiques pour trouver, au sein de sa propre culture, avec les dangers aussi les antidotes – à condition d'être capable de l'assumer enfin dans sa totalité. « Mais où il y a danger, ce qui sauve / Grandit aussi. »[27]

*

Le lecteur se demandera peut-être comment il a été possible d'associer la philosophie de Ludwig Klages à l'idéologie national-socialiste. À en croire des auteurs comme Georg Lukács[28] ou Thomas Mann[29], Klages serait avant tout le propagateur d'un dangereux « irrationalisme » préparant le terrain à l'émergence du mouvement nazi[30]. Cette image en partie polémique et assez peu informée s'est largement imposée grâce surtout à l'autorité de Thomas Mann, cet écrivain qui non sans suffisance s'était considéré tout au long de sa vie comme le représentant de la « bourgeoisie », et qui fut néanmoins très ouvert à l'influence d'auteurs marxistes comme Lukács et Adorno[31]. Or, l'explication du

---

[27] Friedrich Hölderlin, *Patmos*. « Wo aber Gefahr ist, wächst / Das Rettende auch ».

[28] Voir: Georg Lukács, *Die Zerstörung der Vernunft. Der Weg des Irrationalismus von Schelling zu Hitler*, Berlin 1953.

[29] Voir : Thomas Mann, « Die Stellung Freuds in der modernen Zeitgeschichte », dans *Gesammelte Werke in zwölf Bänden,* Frankfurt am Main: Fischer, 1960, t. X et « Radiosendung nach Deutschland, August 1941 », dans *Gesammelte Werke, op. cit.*, t. XII (Reden und Aufsätze), p. 1011-1013.

[30] *Cf.* l'avant-propos d'Olivier Hanse à : Ludwig Klages, *La Nature du rythme, op. cit.*, p. 7-8.

[31] Mann mettra son immense talent d'écrivain au service de l'illustration de cette vision binaire (ou dialectique, selon lui) et fataliste de la culture allemande dans son grand roman allégorique *Dr. Faustus* (1947). Il va sans dire que cette interprétation démonique du national-socialisme est

national-socialisme comme mouvement *purement* réactionnaire, anti-moderne, irrationaliste et romantique est sans doute en grande partie erronée et repose, entre autres, sur une surestimation de la place que les parties 'folkloriques' ou même la devise contradictoire et confuse du « sol et sang »[32] avaient réellement à l'intérieur de cette idéologie. Le national-socialisme ne peut plus guère apparaître comme un romantisme spécifiquement allemand qui aurait mal tourné, mais *aussi* comme la réalisation de cette volonté de puissance et du rationalisme ou logicisme purement instrumental (technicien, désenchanté, privé de toute idée de sacré) que le romantisme authentique avait combattu dès sa naissance. En tant qu'aboutissement de cette autre « modernité », le mouvement hitlérien est justement le triomphe cynique de cet « esprit » que Klages fustige pendant toute sa vie et dans toute son œuvre[33].

---

elle-même hautement romantique et, partant, littérairement populaire jusqu'à nos jours. Mais un certain romantisme perverti, celui de la fascination pour le mal, la puissance, le nihilisme est thématiquement et chronologiquement assez loin du romantisme allemand et relève plutôt, nous semble-t-il, de la *perception* du national-socialisme lui-même.

[32] L'idéologie du « Blut und Boden ». *Cf.* Reinhard Falter, « Prägung des Menschen durch die Landschaft – Umweltpsychologischer Forschungsansatz oder Rückfall in ‚Blut und Boden'-Ideologie ? Eine geographiehistorische Revision », in : *Cosmographica et Geographica*, Festschrift für Heribert M. Nobis, hg. von Bernahrd Fritscher und Gerhard Brey, Institut für Geschichte der Naturwissenschaften, München, 1994, p. 369-402. – Alfred Bäumler, philosophe officiel, parallèlement à Rosenberg, du mouvement nazi, rejetait par ailleurs expressément l'amalgame entre l'idée « biocentrique » de Klages et la « doctrine national-socialiste du sol et du sang ». Voir le passage cité par Tobias Schneider dans son article « Ideologische Grabenkämpfe. Der Philosoph Ludwig Klages und der Nationalsozialismus », 1933-1938, dans : *Vierteljahrshefte für Zeitgeschichte*, 2 / 2001, p. 275-294, p. 285.

[33] Si cependant on interprète avec Ernst Nolte le fascisme, d'un point de vue « transpolitique », comme un mouvement dirigé contre la

Se faisant l'écho des conclusions 'éthiques' de l'ouvrage maître du philosophe que nous venons de citer, H. E. Schröder estime qu'il est « exclu et impensable que le national-socialisme eût pu s'enraciner dans un peuple dans lequel les convictions de Klages auraient été connues et répandues, ou dont du moins son élite aurait été familière. Dans de telles conditions, un tel parti [le NSDAP], avec le programme qui est le sien, n'aurait jamais pu arriver au pouvoir. – Un parti qui glorifiait le volontarisme politique, qui visait à l'État total, qui propageait des projets de conquête du monde, qui réclamait le progrès technique et voulait le subordonner à ses ambitions impérialistes ; un État dont la propagande omniprésente fanatisait les hommes et qui associait tout cela à l'utopie d'un avenir glorieux »[34].

Si le marxiste Lukács et le « bourgeois » Thomas Mann n'ont pas pu ou voulu le voir, les nationaux-socialistes eux-mêmes ne s'y sont généralement pas trompés. Depuis au plus tard 1936, ils ont en effet fermement proclamé, par la bouche d'Alfred Bäumler et d'Alfred Rosenberg, l'incompatibilité profonde entre la philosophie klagésienne et la *Weltanschauung* du mouvement hitlérien. Et il faut ajouter qu'à

« transcendance », théorique et pratique, la philosophie de Klages, comme tant d'autres, s'inscrit incontestablement dans une telle dynamique. Mais il faut savoir que Nolte va jusqu'à inclure le décentrement provoqué par la « globalisation » dans la logique de la « transcendance ». *Cf.* Ernst Nolte, *Fascisme et totalitarisme*, Paris : Laffont, coll. Bouquins, 2008, notamment le dernier chapitre du *Fascisme dans son époque*, et le chapitre « Fascisme et transcendance » dans *Entre les lignes de front. Entretiens avec Siegfried Gerlich*, Monaco : Rocher, 2008. – Sur le rôle de la « logique » dans les « idéologies », voir par exemple la conclusion des *Origines du totalitarisme* de Hannah Arendt, intitulée « Idéologie et terreur ».

[34] Hans Eggert Schröder, *Ludwig Klages. Die Geschichte seines Lebens*, Bonn : Bouvier, 1992, zweite Auflage 1996 (t. 1 et 2), p. 1198-1199.

la différence de la plupart de ses autres détracteurs, ils l'ont lu[35].

Les nationaux-socialistes ont pris d'une part position contre la philosophie de Klages et ses disciples et ont d'autre part surveillé ces derniers (rappelons que Klages lui-même résidait depuis 1915 en Suisse). En 1935, *L'Observateur populaire* (*Der Völkische Beobachter*), journal officiel du national-socialisme, fit campagne contre un disciple de Klages, Martin Ninck, et son livre *Wodan und germanischer Schicksalsglaube*, qui ne correspondait pas à l'idée que les nationaux-socialistes voulaient se faire des Germains. Le groupe de recherche formé par des disciples de Klages, le

---

[35] Les documents de Schröder, dont nous nous servons, doivent être complétés par ceux que présente Tobias Schneider (art. cit). Certaines interprétations de Schneider nous semblent cependant biaisées, ainsi sa tendance, contradictoire par rapport à l'évolution des événements, de surévaluer l'influence de ces quelques dirigeants nazis qui étaient bien intentionnés à l'égard de Klages, comme Schirach, Hederich, Jaensch et Krieck. Il ne faut sans doute pas oublier qu'il est extrêmement difficile d'évaluer le rôle réel de l'idéologie dans le national-socialisme, ni son caractère relativement polycratique, sans pour autant en faire un régime pluraliste selon ses préférences idéologiques. Mais si Schirach était réellement plus influent que Rosenberg, comme le veut Schneider, pourquoi alors ne s'était-il pas imposé, et pourquoi Krieck avait-il pu se faire renvoyer par Rosenberg ? Prétendre à la fois que « Klages ne s'est jamais reconnu dans le national-socialisme » (*ibidem*, p. 279) et qu'il « cherchait à être reconnu comme philosophe du national-socialisme » (*ibidem*, p. 292) peut donner une idée de la rigueur de la démarche et est, du moins quant à la dernière affirmation, problématique. S'il cherchait incontestablement à faire reconnaître *sa* philosophie, il faut ajouter que du moment que le national-socialisme l'aurait réellement adoptée, il n'aurait plus été le national-socialisme historique que nous connaissons et qui, justement parce que la vision de Bäumler et de Rosenberg s'était imposée ou du moins avérée être plus conforme aux faits, le rejetait. – La stratégie des disciples fut interprétée par Rosenberg à juste titre comme « la tentative de se procurer le sceau officiel du parti pour propager *leurs* doctrines » (*ibidem*, p. 290).

« Cercle de recherches biocentriques », fut dissout sur ordre de la Gestapo en 1936[36]. En 1936, Werner Deubel dut s'expliquer devant « l'Office Rosenberg » sur une critique de Kant, qui, elle aussi, était inspirée des orientations klagésiennes. L'insistance passionnelle avec laquelle les nationaux-socialistes défendaient la philosophie de Kant contre la critique que Klages en avait faite mérite par ailleurs d'être méditée. Un document secret d'un dirigeant nazi cité par Schröder fait état de « suffisamment de matériel pour mettre toute la bande en camp de concentration », ce dont on s'est néanmoins abstenu, Klages étant un auteur qui jouissait, malgré la difficulté de ses ouvrages, d'un certain prestige dans la population allemande. Les Klagésiens furent en tout cas considérés, selon les termes de ce même document, comme « les pires représentants du monde culturel et intellectuel du présent que nous connaissions »[37]. C'est beaucoup dire.

En 1937, à l'occasion du 65e anniversaire du philosophe, le mensuel du parti, les *NS-Monatshefte*, publie un article très critique, où c'est aux nazis eux-mêmes, ici en la personne de Ferdinand Weinhandl (mais derrière lequel il y a sans doute Rosenberg) de constater l'incompatibilité entre la doctrine de la volonté chez Klages et le national-socialisme, en vertu, notamment, de son refus du culte des héros historiques (*geschichtliches Tätertum*), de sa conception de la technique, de son attitude à l'égard de l'idée de travail, et, soulignons-le, de l'absence de l'idée national-socialiste de « race » : « Comme dans n'importe quel système philosophique du 19e siècle, l'idée national-socialiste de race ne joue aucun rôle dans la philosophie de Ludwig Klages. [...] Le national-socialisme connaît lui aussi le concept de

[36] Schröder, *op. cit.*, p. 1219.
[37] Cité d'après Schröder, *op. cit.*, p. 1301-1302.

décadence, voire de déclin des peuples. Mais pour lui, la cause dernière du déclin n'est pas une énigme métaphysique et philosophique, mais l'effet sur la vie du mélange racial, c'est-à-dire du mépris des lois de l'hérédité »[38].

Cet article, commandé par l'« Office Rosenberg », était explicitement revendiqué comme une prise de position officielle de la part du régime, à la différence d'une tentative de défense bien intentionnée, mais, comme on pouvait s'y attendre, peu argumentée, de Baldur von Schirach[39], parue en janvier 1938 dans la revue, au titre si peu klagésien, *Volonté et puissance* (*Wille und Macht*).

Exactement les mêmes positions que celles de Weinhandl seront réaffirmées, contre Schirach, par Alfred Rosenberg lui-même le 27 avril 1938 dans un discours tenu à l'université de Halle et publié dans les *NS-Monatshefte* sous le titre « Figure et vie » (*Gestalt und Leben*). Le rejet de l'esprit « héracléen » irrite Rosenberg tout autant que l'apologie du « pélasgisme », qui ne saurait être, à ses yeux, qu'un phénomène de décadence à localiser en Asie Mineure, en « contradiction criante » avec le type d'humanité nordique[40], et il étaie cette opposition de quelques considérations raciales. Défendre le pélasgisme, c'est défendre « des situations chaotiques du point de vue de la race ». Rosenberg reproche à Klages, de « nier l'existence de puissances raciales, donc de forces vitales concrètes », de ne pas se servir du terme « aryen » et de n'avoir pas « tenu compte des doctrines raciales qui depuis des décennies ont fait des progrès considérables », mais d'avoir, au contraire, « écarté ces forces du sang, comme si réellement elles n'existaient pas à ses yeux ». Et Rosenberg de rappeler au philosophe que « la

[38] Cité d'après Schröder, *op. cit.*, p. 1306.
[39] *Cf. ibidem*, p. 1307.
[40] Cité d'après Schröder, *op. cit.*, p. 1317-1318.

volonté d'un Juif n'est pas la même chose que la volonté d'un Germain »[41]. Il semble donc qu'en 1938, les nationaux-socialistes, pourtant compétents en la matière, cherchaient en vain les traces d'un quelconque racisme dans l'œuvre du philosophe.

Les attaques de Werner Deubel contre Kant sont même, aux yeux de Rosenberg, « un attentat contre les fondements de la conception national-socialiste du monde » [!][42] et méritent à ce titre d'« être punies ». Cela signifiait en clair que Deubel risquait sa vie pour avoir critiqué Kant dans le sens de la philosophie de Klages, souligne Schröder, qui fut lui-même témoin de ces poursuites. L'exemplaire de l'article dont disposait Klages est pourvu d'annotations ironiques.

Citons un dernier document de l'Office Rosenberg (*Parteiamtliches Gutachten der Dienstelle Rosenberg, 1940*), tout aussi explicite : « Or, nous posons la question suivante : dans quel endroit, par exemple de *L'Éros cosmogonique*, ou dans d'autres ouvrages de Klages voire dans les articles de ses disciples, est-ce que s'exprimeraient les valeurs qui ont créé et guidé le mouvement national-socialiste et sans lesquelles le nouvel État n'aurait pas pu être fondé... »[43]

---

[41] *Ibidem* , p. 1319.

[42] *Ibidem*, p. 1319-1320.

[43] *Ibidem*, p. 1324. Dès lors, il paraît difficile d'affirmer de manière globale qu'il y eut « récupération de ses idées [de Klages] par le national-socialisme », comme le fait Olivier Hanse (*La Nature du rythme*, *op. cit.* p. 9), par convention, semble-t-il, puisqu'il ne précise nulle part de *quelles* « idées » de Klages il s'agirait (la tournure « *les* idées » est évidemment intenable), par qui et comment celles-ci auraient été « récupérées », alors qu'elles sont, comme nous l'avons vu, assez ouvertement répudiées. Citer le passage d'un texte, qui n'a été publié qu'en 1944, sur la race « aryenne » et la race juive pour suggérer que Rosenberg s'était « inspiré » de Klages est peu convaincant face aux attaques de ce même Rosenberg qui déplorait précisément l'absence de

Rosenberg avait raison de ne pas trouver dans la critique klagésienne du « jahvisme » le racisme et l'antisémitisme qu'il cherchait. La critique virulente dont le judaïsme fait l'objet dans la philosophie de Klages est en effet d'ordre « théologique », pour ainsi dire, et inclut au même titre le christianisme, qu'il fustige avec peut-être encore plus de violence, comme en témoigne notre texte. Le monothéisme est à ses yeux (et pas seulement aux siens !) une avancée importante dans l'émancipation de « l'esprit » par rapport à l'âme et aux images[44]. À la suite de Nietzsche, Klages lit dans le monothéisme judéo-chrétien l'expression d'une volonté de puissance et d'une haine envers le « caractère sacré du monde » pourfendu comme « idolâtrie » ; en concentrant toute la divinité dans le *monon* de la volonté du dieu créateur, le monde lui-même se trouve désacralisé. En vertu d'une « erreur d'importance historique de portée universelle », « le monothéisme triomphant des prophètes israélites a réussi la gageure étonnante d'élever la haine

---

ce concept chez Klages et qui avait critiqué la philosophie de celui-ci dès la première édition de son *Mythe du 20e siècle* (Halle, 1930, p. 137). Klages ne sacrifiait pas à l'aryanisme, Rosenberg le savait bien. – Pour s'orienter dans ces problématiques, deux ouvrages anglophones font autorité : Nicholas Goodrick-Clarke, *Les Racines occultes du nazisme. Les Aryosophistes en Autriche et en Allemagne*, 1830-1935, trad. de l'anglais par Patrick Jauffrineau et Bernard Dubant, Puiseaux : Pardès, 1989, et Joscelyn Godwin, *Arktos – The Polar Myth in Science, Symbolism, and Nazi Survival*, Kempton, Illinois, 1996.

[44] Le rôle du christianisme dans l'évolution vers l'athéisme voire le nihilisme modernes a été remis en lumière par Marcel Gauchet, qui, comme on sait, va jusqu'à qualifier le christianisme de « religion de la sortie de la religion ». Voir Marcel Gauchet, *Le désenchantement du monde*, Paris : Gallimard, 1985 ou Pierre-Emmanuel Dauzat, *Le Nihilisme chrétien*, Paris : PUF, 2001. Sur la relation entre monothéisme et intolérance, voir, par exemple, Jan Assmann, *Le Prix du monothéisme*, Paris : Flammarion, 2007.

envers la divinité de ce monde au rang de Seigneur personnel du monde entier » et de se réclamer « du *theion* de l'âme pour le *monon* de l'esprit », écrit-il dans l'*Antagoniste*. Mais, ajoute-t-il, cette haine a dû s'exercer d'abord contre les couches populaires des Juifs eux-mêmes, qu'il n'était pas si facile de détourner de leurs idoles[45].

Or, dans deux publications, *Rythmes et runes* de 1944 et, surtout, l'« Introduction » à l'œuvre posthume de Schuler, de 1940, l'antijudaïsme de Klages devient excessif voire paranoïaque et prend un ton tellement haineux qu'il n'est plus facile, comme par ailleurs aussi pour bien des passages de l'œuvre antérieure, de le distinguer de l'antisémitisme officiel et de la théorie de la « conjuration juive universelle ». Ce texte est inacceptable même pour les défenseurs de Klages comme Schröder et, comme *Rythmes et runes*, il ne sera pas repris dans l'édition des Œuvres dites complètes. Devant les passages qui décrivent le cercle de George comme un « piège de Juda », notamment à cause de Karl Wolfskehl, pour lequel Klages avait pourtant toujours la plus grande admiration (tout comme il avait aidé des auteurs juifs à trouver des éditeurs), les justifications ultérieures de Klages, insistant sur le fait qu'il emploie les mots « juif » *etc.* dans toute son œuvre toujours dans le sens de « judaïste », et qui ne désignaient par conséquent pas le peuple ou la « race » juifs, sont certainement valables quant au principe et pour la plupart des occurrences (et par ailleurs étayées par ses amitiés et ses admirations qui le liaient par exemple à Theodor Lessing, Karl Wolfskehl, Melchior Palágyi *etc.*), mais elles peuvent ne pas toujours convaincre. Il est à craindre que pendant le nazisme, cette distinction, fondée en soi, se soit par moments gommée dans l'esprit de Klages lui-

[45] *Der Geist als Widersacher der Seele*, *op. cit.*, p. 1266.

même. Il serait pourtant injuste d'utiliser ce texte regrettable pour jeter du discrédit sur l'œuvre entière du philosophe.

En 1953, lors d'un voyage en Allemagne, le philosophe sioniste Martin Buber avait pris contact avec un disciple proche de Klages, Kurt Saucke. Comme on pouvait s'y attendre, leur entretien tournait autour de cette fameuse « Introduction » aux fragments posthumes de Schuler. Dans une lettre à Klages, Saucke rapporte les propos de Buber, qui « considère l'œuvre de Klages comme une des plus importantes des sciences de l'esprit de ce moment. De l'*Antagoniste*, il disait littéralement qu'il l'avait étudié d'un bout à l'autre et pourvu de nombreuses annotations *etc.* Il avait également lu avec beaucoup de plaisir et d'attention l'ouvrage sur le langage, qu'il s'était acheté en Israël[46]. [...] Depuis toujours, il apprécie particulièrement la langue magnifique de Klages, et tout ce que Klages avait écrit avait été dans la 'sacralisation de la parole'. Mais dans 'Introduction' à Schuler, Klages avait violé le caractère sacré de la parole. – J'attirais son attention sur la différence fondamentale entre l'antisémitisme finaliste des nazis et l'anti-jahvisme de Klages. Buber admit cette distinction. Mais dans l''Introduction' à Schuler, il y aurait ressemblance avec l'antisémitisme »[47].

*

Ces quelques éléments permettent peut-être de mieux comprendre pourquoi la réception de Klages fut longtemps obscurcie par le soupçon d'antisémitisme. Il convient, selon nous, de suivre l'exemple de l'attitude de Buber, qui savait

[46] Il s'agit de *Die Sprache als Quell der Seelenkunde*, Zurich : Hirzel, 1948.

[47] Cité d'après Schröder, *op. cit.*, p. 1349.

faire la part des choses, qualité devenue rare. Encore faudrait-il parler en connaissance de cause et avoir lu les textes. Qui peut se vanter, comme Buber, d'avoir étudié avec soin et de manière exhaustive *L'Esprit en tant qu'antagoniste de l'âme* ? Hans Kasdorf, se penchant sur la réception de Klages, a pu dire, vers la fin des années soixante-dix, que jusqu'à présent aucun argument de Klages, auteur en effet extrêmement soucieux de rigueur conceptuelle, n'avait encore été réfuté de manière fondée. Ceux qui veulent défendre « l'esprit » contre son antagoniste doivent donc le faire avec les armes qu'il a lui-même choisies, l'esprit, et tenir compte de ce qu'il entend par « esprit », ce que seule l'étude de son œuvre complète permet de faire (de même pour son anti-judaïsme / antisémitisme). Au lieu de cela, on s'est trop souvent contenté de lectures sélectives (concentrées sur les morceaux choisis antisémites), d'amalgames et de procès d'intention, favorisés par l'esprit du temps.

Cette traduction ne poursuit pas d'autre but que de donner au lecteur français non germanophone la possibilité de s'informer de la seule manière sérieuse, c'est-à-dire, en prenant connaissance des textes primaires. *L'Éros cosmogonique* présente l'avantage d'aborder, de manière conceptuellement un peu moins rigoureuse, il est vrai, que l'*Antagoniste*, deux notions clefs de celui-ci, à savoir « l'éros du lointain » et « la réalité des images ». Comme Klages l'écrit lui-même, la thématique s'intègre dans ce qu'il appelle dans la quatrième partie de *l'Antagoniste* « l'image du monde du pélasgisme ». La distinction entre sexus et éros, au centre de ce texte, est sans aucun doute implicitement dirigée contre la théorie de Freud, pour la personne duquel, par ailleurs, Klages avait, après l'avoir rencontré, beaucoup de respect, mais dont il regrettait néanmoins « l'horizon borné »[48]. Libérer, en fai-

[48] *Cf. Die Grundlagen der Charakterkunde*, 1926, notes.

sant l'archéologie d'une idée de l'éros complètement sortie de la conscience des contemporains, « la songerie et les méditations » de tous ceux qui cherchent dans les mystères antiques les « grains d'or du savoir » des « filets mensongers des apôtres du sexe », voilà un apport secondaire, mais « le plus précieux peut-être », comme l'écrit Klages dans l'avant-propos[49], de l'approfondissement de la « nature des images ».

Ajoutons que ce texte de 1922 eut un certain écho en son époque. Nous avons déjà dit que, parmi d'autres titres de gloire, Klages est le premier théoricien du *Es*, avant Freud, le premier théoricien du logocentrisme, bien avant le post-structuralisme français, il anticipe la thèse de la « dialectique de la raison » d'Adorno et de Horkheimer et Benjamin a pu trouver en lui l'idée de l'aura. D'autres développements de l'œuvre de Klages attendent d'être réévalués, comme le fondement de la pensée symbolique, la critique, extrêmement fouillée, du « logicisme », la distinction entre pensée concevante (*begreifendes Denken*) et pensée indiquante (*hinweisendes Denken*) – pour ne rien dire de la pensée écologique dont la réviviscence actuelle autour de l'idée de « décroissance » pourrait se réclamer à bien des égards de Klages[50].

---

[49] *Vom kosmogonischen Eros*, Bonn, 2001, p. 7-10.

[50] *Cf.* l'article de Reinhard Falter déjà cité et du même auteur : *Natur prägt Kultur, Der Einfluß von Landschaft und Klima auf den Menschen : Zur Geschichte der Geophilosophie*, München : Telesma, 2006 ; et, plus précisément sur l'écologie de la décroissance : Alain de Benoist, *Demain la décroissance ! Penser l'écologie jusqu'au bout*, Paris : Édite, 2007, dont l'interprétation du monothéisme accuse quelques affinités avec celle de Klages. La manifestation la plus éclatante de l'engagement écologique de Klages se trouve dans le texte intitulé *Homme et terre* (*Mensch und Erde*), de 1913.

Walter Benjamin, par ailleurs admiratif de *L'Esprit en tant qu'antagoniste de l'âme*, avant de se faire rappeler à l'ordre par Th. W. Adorno, dont – soit dit en passant – il dépendait financièrement, écrivit après la parution de notre livre à Klages : « Permettez-moi de vous dire quelle joie et quelle confirmation de mes propres idées j'ai tirées, avec un sentiment de gratitude, de votre écrit sur l'*Éros cosmogonique* »[51].

« Dans ce livre sur l'éros cosmogonique », écrit à son tour Hermann Hesse, « dans plusieurs pages, quelque chose de presque ineffable s'est fait parole »[52].

Espérons qu'à notre époque, ce livre puisse encore trouver des lecteurs aussi réceptifs. On en viendrait à vouloir mettre en doute les prophéties de son auteur.

LUDWIG LEHNEN

[51] Lettre de Walter Benjamin à Ludwig Klages du 28 février 1923, citée par Schröder, *op. cit.*, p. 927.
[52] Cité par Schröder, *op. cit.*, p. 974.

DE L'ÉROS COSMOGONIQUE

L'EXTÉRIEUR EST L'INTÉRIEUR TRANSPOSÉ DANS UN ÉTAT DE MYSTÈRE.

NOVALIS

I. CONSIDÉRATIONS TERMINOLOGIQUES PRÉALABLES

Il convient de faire précéder les considérations thématiques par une délimitation terminologique afin de justifier notre emploi du terme étranger *éros* à la place du mot allemand *Liebe* (amour), d'autant plus que le concept d'éros qui sera l'objet de notre étude ne développe qu'*un seul* fil dans le tissu de la mentalité antique, même si celui-ci peut s'appuyer sur des phénomènes primaires de la *vie* pélasgienne. – Des deux arguments principaux que l'on peut alléguer contre l'emploi du terme *Liebe*, le premier à lui seul suffirait à le rejeter entièrement, à savoir son extraordinaire polysémie. Sans vouloir prétendre à l'exhaustivité ni à une classification rigoureuse, nous allons réunir quelques-uns des emplois les plus fréquents du mot *Liebe* ; par ce moyen nous espérons rendre évident que ce mot désigne non seulement des faits très divers, mais même antagonistes. Laissant de côté des considérations d'ordre historique, nous nous tenons exclusivement à l'usage linguistique contemporain et aurons ainsi à mainte reprise l'occasion de préparer les développements ultérieurs par quelques indications.

Le mot *Liebe/amour* traduit des *qualités de l'âme* dans des tournures comme : « ein Mensch ohne Liebe », « jemand, dem es an Liebe fehlt »: un homme sans amour, qui manque d'amour ; dans les adjectifs « liebreich », « liebevoll »: avec amour, plein d'amour, « liebenswert »,

« liebenswürdig »: aimable, « lieblos » : sans amour ; de même dans : « der liebe Gott », « das liebe Brot », « die liebe Seele (hat Ruh) », « der liebe lange Tag », « ein liebes Mädchen »; dans les substantifs: « Liebhaber »: amant, « Ordungsliebe », « Tugendliebe », « Wahrheitsliebe », « Eigenliebe », « Selbstliebe », « Streitliebe »: amour de l'ordre, de la vertu, de la vérité, de soi-même, de la polémique. –

Nous voyons le terme *Liebe/lieben* désigner aussi *l'état* de plaisir, durable ou passager, que l'on éprouve à l'égard de quelque chose, dans des tournures comme : aimer [*es lieben*] boire du café, aimer voyager en seconde classe, aimer lire avant de se coucher ; et nous trouvons l'accent mis sur le penchant et « l'intérêt » dans : « die Liebe zur Sache » qui peut s'étendre sur n'importe quel objet : amour du métier, de la patrie, de la science, de l'art, de la nature, de la beauté, du théâtre ; quelqu'un est soldat « mit Lust und Liebe » *etc.* Son expression la plus poussée serait « l'enthousiasme ».

Mais on appelle *amour* également l'amour chrétien, y compris la *caritas* qui lui est propre et qui, tout en mettant l'accent sur le respect universel et sans distinction de l'homme, reçoit sa coloration propre par l'hypothèse que l'objet de son amour a besoin d'être secouru. Selon que l'on accentue plutôt tel ou plutôt tel versant, la *caritas* signifie soit le respect par devoir, soit la charité par devoir, tout en incluant le sentiment correspondant. Des exemples seraient : « Menschenliebe » : amour des humains, « Nächstenliebe » : amour du prochain, « Liebe zu den Armen » : l'amour des pauvres, « Evangelium der Liebe » : l'évangile de l'amour, « Liebesgaben » : les dons de l'amour, « Liebestätigkeit » : la pratique de la charité, « Liebespflichten » : les devoirs de l'amour, *etc.*

De « l'amour de l'objet » au même titre que de « l'amour des humains », lié toujours à une certaine mentalité, se distingue l'amour en tant que *penchant électif du cœur*, penchant au sens littéral du terme *Neigung* (inclination, gravitation, *Hang*), signifié par le mot étranger « sympathie ». Selon le genre des objets préférés, on peut distinguer différents types de penchants.

Le penchant pour certaines choses ou leurs qualités et caractères expressifs : amour de la mer, de la montagne, de la forêt, des landes, des étoiles, des nuages, des eaux, des fleurs, des animaux (chiens, chats, chevaux, oiseaux), des pierres, du midi, du soleil, du printemps, de l'été, de l'automne, de l'hiver, de certains sons, couleurs et parfums, du jeu de flûte, d'une certaine architecture, de la peinture, des œuvres d'art de toute espèce. Un aspect au moins de « l'amour de la patrie » trouve sa place ici, tandis que de son second aspect, plus important, il sera question plus loin. – L'amour *pour* quelque chose porte manifestement la marque d'une prédilection *pour* quelque chose et celle-ci peut alors être accompagnée d'aversions tout aussi marquées, parfois renforcées et individualisées par ce qu'on appelle des idiosyncrasies.

En outre, il y a le penchant pour certains hommes ou pour leurs parties ou qualités expressives. Ici on distinguera de nouveau des variétés nombreuses : amour des amis, des parents, des enfants, du frère, de la famille, du camarade, du supérieur hiérarchique, du souverain, des soumis, du peuple, *etc.* À chaque penchant correspond une nuance du sentiment tout à fait particulière. Ainsi vibre dans l'amour pour le souverain davantage la nuance de la vénération, dans celui pour le soumis ou pour le peuple davantage celle de la sympathie. Par des traits difficiles à décrire, l'amour pour le frère ou la sœur se distingue de l'amour pour l'ami, l'amitié entre hommes de celle entre femmes, ou encore la camaraderie de l'amitié en général. L'amour des parents pour les enfants est de loin autre chose que celui des enfants pour les parents. « L'apprenti aime autrement le maître que le maître », dit Nietzsche dans *Aurore*.

Il est à peine nécessaire d'insister sur le fait que le penchant qui détermine un choix est propice à fonder une *famille* élective et que pour cette raison il apparaît comme le liant originel entre les hommes. Partout où la simple communauté d'intérêts n'a pas encore déchiré tout lien naturel et à l'intérieur même des associations fondées sur l'intérêt, la conscience solidaire de groupes plus ou moins grands naît de sentiments de sympathie. Conjugué au pouvoir de l'habitude, l'attachement naturel à la famille, à la glèbe natale, au cercle des collègues, procède de ce sentiment, de même qu'il constitue le terreau de l'idée antique de fidélité et de son pathos, qui n'est pas seulement d'ordre moral. Nous serions par exemple dans l'erreur, si nous considérions la *Mannentreue* des anciens Germains ou la fidélité entre amis chez les Scythes, avec leurs exigences qui de nos jours nous paraissent excessives, comme le simple produit d'une certaine éthique civile sans y reconnaître le reflet d'une humeur vitale d'ordre sympathétique, condensée en attitude mentale.

Par ailleurs, il y a, comme nous venons de le dire, l'amour pour les parties et les qualités expressives de l'homme : pour des mains qui se distinguent par leur beauté ou par leur aspect caractéristique, de même pour des pieds, la posture, les formes de la nuque, le nez, les couleurs de la peau, les émanations olfactives. La prédilection pour des cheveux foncés ou blonds, des yeux bleus ou bruns, est bien connue en tant que critère présidant au choix et elle nous donne en même temps l'indication que la nature des penchants d'un homme se nourrit en partie de propriétés raciales. – Si enfin nous faisons des distinctions par degrés, toute une série s'ouvre devant nous que l'on pourrait encore subdiviser indéfiniment, allant du simple penchant par habitude jusqu'à l'attrait passionnel. Il n'y en a pas *un* parmi les types de penchants cités qui ne saurait rester tout aussi bien à la température tiède que de s'élever à la chaleur et enfin à l'ardeur !

Si dans les cas considérés jusqu'ici, « amour » est un équivalent de « penchant », nous nous tournons maintenant vers ceux où le terme désigne incontestablement des *pulsions*. Puisqu'il peut sembler que pulsion et penchant sont la même chose, nous examinerons d'emblée la différence qui, à nos yeux, existe entre les deux.

Rien n'interdit de concevoir le mot « penchant » de manière suffisamment large pour y inclure la pulsion, ou de concevoir le mot « pulsion » de manière suffisamment large pour qu'il comprenne le penchant. Mais si nous faisions ainsi, nous constaterions à l'égard de *l'effet* du mouvement animique en question, pulsion ou penchant, deux aspects distincts, dont l'un ne se comprendrait que par le sentiment du penchant, et l'autre uniquement par celui de la pulsion. S'il est certain que, même au niveau littéral, le mot « penchant », *Neigung*, synonyme de *Hang*, traduit l'attraction, exercée sur celui qui la ressent, vers l'objet de son choix, il est tout aussi certain que tout penchant *peut* en rester au stade d'un simple état du sentiment, sans pour autant s'affadir ou perdre d'importance de quelque façon que ce soit. Le sentiment de la *pulsion* d'union, en revanche, entraîne inévitablement son porteur dans des mouvements dont l'union est en effet la conséquence et qui, si celle-ci est impossible, sont immanquablement vécus comme une gêne plus ou moins considérable. Nous distinguons par conséquent les penchants proprement dits des pulsions proprement dites. La « pulsion » exprime une direction qui irrésistiblement « pousse » quelqu'un de l'intérieur ; le « penchant » exprime une direction selon laquelle on glisserait ou tomberait, dans la mesure où les circonstances secondaires le *permettraient*. (Dans la tournure *ein gefallenes Mädchen*, « une fille perdue »[*], le « faux pas » est considéré comme la conséquence d'un penchant, d'une inclination – pourvu en outre d'un jugement de valeur !) Quelques exemples rendront évident que nous venons de mettre en lumière le sens central de l'usage courant.

Tandis que tous les penchants s'appellent aussi des sympathies, ce terme nous semblerait en partie trop faible et en partie simplement inadéquat pour désigner d'authentiques *pulsions* d'union. Par ailleurs, nous exprimons instinctivement les degrés de la pulsion par d'autres adjectifs que ceux du penchant. Nous parlons rarement d'un « penchant violent » mais plus souvent de « pulsions violentes » et jamais nous ne choisissons l'épithète « profond » pour désigner la force d'une pulsion, tandis que nous croyons décrire avec le plus de justesse celle d'un penchant par les termes « penchant profond », « sympathie profonde ». Car la pulsion nous paraît comme violente dans la mesure où nous voulons mettre en relief ce qui dans le sentiment cause le mouvement, et le penchant comme profond lorsque nous visons un πάθημα, un état. Si enfin nous juxtaposons à l'*a*version ou à l'*anti*pathie la pulsion négative correspondante, il apparaît que celle-ci est à l'origine d'un faire et celle-là au mieux d'une omission. L'aversion profonde fera éviter l'objet de celle-ci ; la pulsion vécue d'une haine violente, de la colère ou de l'envie le fera rechercher pour le réduire. On parle de « *pulsion* de vengeance », *Rachetrieb*, et non d'un « *penchant* de vengeance ». – Cette différence étant suffisamment établie, nous énumérons trois espèces d'amour pulsionnel qu'il convient de distinguer au niveau linguistique.

---

[*] Littéralement : « une fille tombée/(dé)chue ». (N.d.T.)

1. La pulsion d'union en général

L'amour pulsionnel est toujours une pulsion d'union et la pulsion d'union est toujours une pulsion d'union physique. Étant donné que deux individus sont incapables de devenir physiquement un, tout degré suprême de la proximité physique ou le toucher physique, dont l'acte (en même temps symbolique) du baiser est aux yeux d'un vaste groupe de peuples le signe achevé, apparaît comme la forme originelle de l'accomplissement de la pulsion. Si nous cherchons conséquemment le sens de cet amour dans le domaine de l'expression de la tendresse, c'est *l'amour maternel* qui à nos yeux se présente comme son archétype.

Nous nous servons de l'exemple de l'amour maternel afin d'illustrer encore une fois la différence essentielle entre penchant et pulsion. – L'amour qu'une mère éprouve à l'égard de ses enfants peut être distingué avec précision de la sympathie qu'elle a pour l'un ou l'autre de ses enfants. Celle-ci est une affaire de penchant, celui-là une affaire de pulsion. La sympathie, qui est toujours d'ordre personnel, comporte beaucoup de variantes selon son degré et son caractère propre ; alors que l'amour maternel quasi impersonnel d'*une* mère ressemble à s'y méprendre à celui d'une *autre*, tout comme son amour maternel pour l'un de ses enfants ressemble à son amour maternel pour l'autre enfant. Comme toute pulsion est quelque chose de purement animal, l'amour maternel comporte sans conteste une profondeur d'âme, mais nullement une hauteur spirituelle et elle est le propre aussi bien de la mère animale que de la mère humaine. De son caractère non spirituel découle immédiatement la raison pour laquelle la mère ne connaît pas d'autre valeur d'émotion vis-à-vis de son propre enfant que le fait qu'il est son enfant. En tant que mère, elle est attachée aussi fortement au « fils prodigue », même si elle condamne son comportement, qu'au fils modèle. Elle n'a pas besoin de s'aveugler sur les défauts de ses enfants, puisque ceux-là ne touchent aucunement sa pulsion de tendresse maternelle. Il en va autrement de l'amour paternel qui, en tant que tel, manifeste des penchants électifs à l'égard des enfants. La langue a donc raison de ne pas juxtaposer au terme de *Mutterliebe* celui de *Vaterliebe* ! (En revanche, la relation pulsionnelle entre père et fille, que l'on peut observer fréquemment, fait partie du domaine de la sexualité, que nous n'avons pas encore abordé.) – Le fait que l'amour maternel culmine dans la sollicitude pour l'objet aimé n'est pas non plus un argument contre le caractère pulsionnel de cet amour. Car d'une part, il fait partie des conséquences naturelles d'une pulsion, qui trouve son accomplissement dans la tendresse du toucher ; d'autre part, la sollicitude en question s'adresse avant tout au corps de l'enfant. Une pulsion de sollicitude en soi existe aussi du côté du père, mais elle ne vise pas le toucher et ne se prodigue pas au niveau du corps. Nous mesurons ce que signifie la proximité physique dans le cadre de l'amour maternel, si nous considérons le degré de résistance pulsionnelle que la mère oppose à la séparation d'avec son enfant. La douleur que cause chez une mère la séparation d'avec son enfant fait pâlir la douleur de la séparation entre amis, entre frères et sœurs, entre époux ; non parce que l'amour réciproque de ceux-là serait moindre, mais parce que cet amour – à moins qu'il ne soit transformé par la longue habitude du vivre-ensemble – dépend moins de la proximité physique de son objet que l'amour maternel ne dépend de la proximité physique de l'enfant. L'antique idéographie chinoise exprime le concept d'amour par une figure féminine juxtaposée à celle d'un enfant.

Ayant reconnu dans l'amour maternel la « pulsion d'union » par excellence, nous ne nous étonnons pas de rencontrer dans la tendresse en général toujours l'ajout d'une pulsion de « materner ». La langue n'a pas formé autant de mots composés pour les variantes infinies de la pulsion d'union extrasexuelle que pour sa forme de base, « l'amour maternel », *Mutterliebe*, mais elle indique par la seule tournure figée « amour tendre » qu'elle considère la tendresse comme la caractéristique essentielle de l'amour visant l'union. C'est dans l'enfance (la contrepartie du caractère maternel) que l'on trouve la plus grande richesse de pulsions de cette catégorie, par exemple dans l'amour enfantin pour les animaux – très différent de l'amour pour les animaux qu'éprouvent communément les adultes – qui s'exprime par les caresses, l'étreinte et la sollicitude pour l'animal aimé.

« L'amour tendre », que, étant donné sa nature pulsionnelle, on est en droit d'appeler aussi « *besoin* de tendresse », accompagne la vie entière d'un être humain ; toujours plus grand chez les femmes que chez les hommes, il atteint chez un chacun un degré maximal spécifique et peut s'étendre sur n'importe quel objet. Il existe ainsi l'amour des fourrures, du velours, des plumes d'oiseau, des coussins gonflés, des gazons souples, des divans et même de la glaise malléable, bref l'amour des objets mous ou élastiques qui s'enracine dans le besoin d'un toucher tendre. Même la prédilection pour les bains dans l'eau tiède (une véritable passion populaire dans l'Antiquité) se ramène pour l'essentiel au même constat. Comme nous l'avons déjà dit au sujet de l'enfant, l'affection pour certains animaux (par exemple les chats) peut être motivée en partie par la *forme* ondulée et souple de l'objet et est alors à distinguer de l'amour plus objectif pour les animaux évoqué plus haut. – Enfin, il n'y a pas de doute que l'amour originel de la patrie, qui dans la séparation peut générer un « *mal* du pays », *Heimweh*, d'une véhémence mortelle (du moins chez les peuples naturels), se nourrit d'une pulsion que seule la proximité physique du foyer natal peut satisfaire. Livingstone a été le premier à rapporter, au sujet des habitants de la région du fleuve Lualaba, qu'il n'était pas rare que ceux-ci mourussent « le cœur brisé » peu de temps après la séparation d'avec leur pays. Chez ce même peuple, comme chez beaucoup d'autres « peuples naturels », la profusion de tendresses à l'égard de plantes et d'arbres, d'outils ou d'armes est encore parfaitement habituelle. Dans l'ancienne Germanie, on souhaitait le « bonjour » à l'arbre et on lui annonçait de façon solennelle la mort du maître de la maison. Certains Africains réveillaient leurs barques par des roulements de tambour et leur chantaient des berceuses une fois le trajet accompli. Dans ce contexte, on comprend facilement que celui qui souffrait du mal du pays pouvait soudainement en être guéri si on lui apportait une parcelle physique de sa patrie, par exemple un pain cuit dans ce pays (à quoi s'ajoute également le fait de sa comestibilité, dont nous traiterons plus loin). Ainsi, la signification symbolique de la légende d'Antée, qui perdait sa vigueur lorsqu'on le privait du contact physique avec la terre, peut également apparaître sous un jour nouveau.

Revenant ainsi, en nouant la fin de nos développements à leur début, au caractère de l'amour maternel – cette fois-ci celui de la terre – , dont le propre est d'envelopper l'objet de sa chaleur, nous constatons immédiatement une affinité étroite entre « l'amour tendre » et « l'amour cordial » (*innige Liebe*) et soulignons par anticipation que la psychologie de charlatan qui entreprend de déduire la tendresse, la cordialité (*Innigkeit*), l'amour maternel, bref la « pulsion d'union en général » – de la pulsion sexuelle, a contribué comme nulle autre à aveugler définitivement les sens déjà émoussés des « hommes cultivés » sur la vraie nature de l'éros.

2. La pulsion d'absorption

Nous verrons plus tard le rôle extraordinaire que joue la pulsion d'absorption dans le domaine de l'éros. Pour l'instant, s'agissant d'analyser le concept d'amour, on doutera que l'usage linguistique puisse justifier d'y inclure la pulsion d'absorption, à supposer même que l'on considère l'absorption d'aliments solides ou liquides comme une union dont « l'intimité » (*Innigkeit*) dépasse de loin le simple toucher. Or, on ne nie pas la possibilité d'éprouver du plaisir en mangeant et en buvant et, partant, celle d'un amour de la nourriture et de la boisson. Mais chacune de ces deux pulsions (car faim et soif en font deux !) se caractérise par un grand éventail de variétés dans les penchants électifs : on distingue ainsi l'amour de boire de l'eau de celui de boire du vin ou du lait, voire l'amour du Bordeaux de celui des vins du Rhin ou encore du Tokay. Nous ne nous interrogeons pas encore sur la cause de ce phénomène en nous contentant pour l'instant d'observer que c'est seulement dans l'absorption de l'objet qui l'a provoqué que le plaisir de la nourriture et de la boisson trouve son accomplissement.

C'est ainsi pour la première fois que nous avons rencontré un type de pulsions qui non seulement poussent vers la réalisation de mouvements, mais qui contraignent leurs sujets à les accomplir et qui ainsi, du fait même de leur caractère irrésistible, se présentent comme des pulsions à proprement parler ; leurs degrés intenses s'appellent non plus passion ou enthousiasme, mais plutôt *désirs avides* (*Begierden*), comme on parle d'avidité au sujet de la faim, *gieriger Hunger*, et de la soif, *gieriger Durst*. Cependant, le caractère exigeant de la pulsion d'absorption comporte lui aussi, outre la dimension indéniable du besoin, une dimension relevant du penchant, et personne n'oubliera non plus les plaisirs incomparables qu'ont pu lui procurer dans sa vie la nourriture ou la boisson. Si nous tenons compte du fait que l'expérience de la nourriture et de la boisson inclut toujours des traits qualitatifs, on nous accordera de considérer même la faim et la soif du point de vue de la pulsion d'union (par absorption) et de rejeter, même dans le domaine du besoin, avec la plus grande fermeté la tentative de la déduire d'une « pulsion d'alimentation » ! L'alimentation n'est qu'une *conséquence* de l'absorption de nourriture, une conséquence que l'homme seul a découverte et dont lui seul a conscience, mais elle n'est pas une composante de la pulsion elle-même ! On falsifie gravement toute la doctrine des pulsions lorsqu'on s'imagine pouvoir comprendre leur nature par l'observation de leurs effets, alors qu'elle se révèle uniquement dans l'expérience vécue. La sagesse des Anciens en savait plus long, comme l'atteste le fait que même un penseur déjà tardif et professoral comme Aristote définit la faim comme une pulsion visant le contact avec le sec et la soif comme une pulsion visant le contact avec l'élément liquide.

3. La pulsion sexuelle ou « sexus »

Tandis que le cas précédent avait nécessité une explication particulière pour mettre en évidence la relation nominale entre amour et pulsion d'absorption, nous aurions sans doute inversement besoin d'une explication particulière pour démontrer que l'amour en général est encore autre chose que la pulsion sexuelle, si nous avions commencé par ce sujet. Pour en être dispensés, nous avons placé la pulsion sexuelle à la fin de nos considérations. Il suffira donc d'observer que le terme « amour » est souvent synonyme de « pulsion sexuelle » et « aimer » synonyme de la satisfaction de celle-ci.

Puisque de nos jours on entend par « pulsion sexuelle » plus exactement la pulsion d'accouplement hétérosexuel et qu'à partir de celle-ci on espère comprendre d'autres types de pulsions d'accouplement (qui par rapport à elle deviennent alors des perversions), il faudrait classer, du point de vue de l'usage linguistique, dans cette catégorie : l'amour homosexuel, l'amour des garçons, l'amour lesbien, la bestialité, l'onanisme ; également le fait d'aimer souffrir (« masochisme ») ou de faire souffrir (« sadisme ») ; de même l'exhibitionnisme, avec ses variantes et sous-catégories innombrables, et, finalement, toute espèce d'amour sexuel en relation avec des membres isolés du corps humain, avec ses produits ou avec des objets utilitaires, ce qu'on désigne par le nom inexact de « fétichisme ».

Dans la mesure où l'élucidation de l'éros le requiert, nous montrerons plus loin pourquoi le type d'analyse qui prend la pulsion d'accouplement hétérosexuel comme point de départ est insuffisant. Soulignons ici encore, à propos de la pulsion sexuelle, ce que nous avons déjà fait valoir au sujet de la distinction entre la faim et la pulsion d'absorption : à savoir que ce serait une erreur fondamentale et une falsification volontaire que de l'appeler une « pulsion de procréation ». Car là aussi, la procréation est une conséquence possible de l'acte sexuel, mais elle ne se trouve pas en tant que représentation de sa finalité à la base de l'excitation sexuelle. L'animal n'a pas cette *connaissance*, mais seulement l'homme. Ce n'est donc pas l'animal dans l'homme (seul en *possession* de la pulsion sexuelle) qui serait poussé à l'accouplement pour des raisons de procréation ; son esprit en revanche, qui n'est *pas* en possession de la pulsion sexuelle, peut bien associer l'acte pulsionnel à des idées de procréation et l'accompagner de *souhaits* dans ce sens. Il est vrai aussi que le souhait lui-même peut prendre une forme pulsionnelle. Mais à ce moment-là, il serait quelque chose de fondamentalement différent de la pulsion sexuelle, qui se réduirait alors à un simple moyen pour parvenir à une fin ; par ailleurs, il ne serait plus une pulsion, mais un « intérêt », une orientation de la volonté, un *ressort* pulsionnel de caractère très variable selon les personnes. Ainsi, l'homme peut de temps en temps mettre sa pulsion sexuelle au service de l'intérêt de la pérennité familiale, et ce serait alors *sa* « pulsion de procréation ». En revanche, lorsqu'une femme désire avoir des enfants, et peut-être même en grand nombre, elle subordonne régulièrement sa pulsion sexuelle à sa pulsion maternelle, et ce serait alors *sa* « pulsion de procréation » : elle ne ressemble en rien aux souhaits de pérennité familiale de la part de l'homme ! Ces exemples montrent clairement dans quelles aberrations on tombe du moment que l'on confond les vraies pulsions naturelles avec des souhaits humains et que l'on veut les comprendre à partir de leurs effets.

Pour tous les types d'amour d'ordre pulsionnel vaut particulièrement ce que nous avons déjà souligné au sujet des penchants, à savoir que leurs degrés intenses s'appellent soit « passions » soit – dans une intention dépréciative – « manies/dépendances » (*Sucht*). Pour des raisons que nous ne pouvons pas encore développer ici, trois choses reposent sur le fond de la passion amoureuse : la profondeur du penchant, la véhémence de la pulsion et l'exclusivité du choix, que l'animal aussi bien que l'humanité primitive ne connaissent qu'à l'état d'ébauche. Si l'on veut mettre l'accent sur la véhémence de la pulsion, on parlera de « désir (avide) », *Begierde*, voire de *Brunst* [litt. « rut », « ferveur »] : « amour fervent », *brünstige Liebe*, « ferveur amoureuse », *Liebesbrunst* (alors que *Inbrunst* exprime de nouveau la profondeur). Si enfin on veut déprécier l'objet de la pulsion, on parlera de « manie ». Ainsi « l'amour du jeu » devient tantôt la « passion du jeu », tantôt la « manie du jeu » ; « l'amour de la boisson », la « manie de la boisson », l'alcoolisme (*Trunksucht*) ; « l'amour de la nourriture », la « manie boulimique » (*Freßsucht*), de même pour

Morphiumsucht, Opiumsucht etc. Puisque le mot *Sucht* désignait à l'origine des maladies, toute sorte de manie ou de dépendance de l'âme se rapproche ainsi de l'idée de quelque chose de « vicieux », ce qui explique que beaucoup d'habitudes amoureuses sont rangées dans la catégorie des « vices ».

Arrivés au terme de cet aperçu nullement complet des occurrences du mot *Liebe*/amour dans le langage contemporain, nous reprenons quelques-uns des emplois cités et essayons de rendre manifeste leur diversité considérable en traduisant leur sens principal par un mot qui ne contient pas le terme *Liebe* : *Sachinteresse* (*Liebe zur Sache*), *Selbstsucht* (*Eigenliebe*), *Menschenachtung* (*Nächstenliebe*), *Schönheitsbegeisterung* (*Schönheitsliebe*), *Freundschaft* (*Freundesliebe*), *Mütterlichkeit* (*Mutterliebe*), *Zärtlichkeit* (*zärtliche Liebe*), *Leidenschaft* (*heftige Liebe*), *Trunksucht* (*Liebe zum Trunk*), *Geschlechtsliebe* (« *Liebe* »)*. Si l'on considère qu'un seul et même mot peut signifier, entre autres : égoïsme, amitié, intérêt objectif, sexualité et sentiment maternel, on comprendra pourquoi la tentative de fonder une étude métaphysique sur le terme *Liebe* serait vouée à l'échec ; on mesure en même temps la distance par rapport aux gesticulations de dilettantes qui – leurrées par un seul mot – entreprennent de déduire toutes les articulations et toutes les qualités imaginables, auxquelles ce mot s'applique occasionnellement, d'*un seul* aspect de l'intériorité et, qui plus est, d'une pulsion, à savoir de la pulsion sexuelle ! On connaît les orgies du sexualisme dans le domaine de la médecine d'autrefois comme dans celle, et surtout, d'aujourd'hui. Mais après nos élucidations termino-

* Dans l'ordre: intérêt objectif, égoïsme, respect, enthousiasme (pour le beau), amitié, sentiment maternel, tendresse, passion, alcoolisme, sexualité. (N.d.T)

logiques, on ne se laissera plus induire à les prendre au sérieux au point de se mêler à des discussions sur le thème en question ; on se permettra juste la remarque que l'objet de la discussion, à savoir ce qu'on appelle « amour », *n'existe que dans le champ d'application d'un nom simulant l'unité*, mais nullement dans la réalité ! Ceci montre en même temps le risque que court la « science », c'est-à-dire la simple étude des faits, si elle omet de s'entendre avec la « métaphysique », c'est-à-dire la recherche de l'essence des choses !

Quelques mots suffiront pour indiquer la deuxième raison qui nous interdit de traiter de « l'amour » au lieu de « l'éros ». Entre toutes les significations du mot *Liebe* que nous venons de réunir, il n'y a pas une seule qui se nourrisse de la connaissance de l'éros élémentaire. Nous le trouverons certes participer à plus d'un de ces mouvements amoureux ; mais aucun d'entre eux ne serait apte à prendre sa place. Nous nous trouvons donc dans l'incapacité de choisir parmi les mille et une significations que prend le mot « amour » de nos jours *une seule* pour traiter de l'éros originel ; ce qui justifie largement que nous renoncions à ce terme.

Avant d'aborder, après cette clarification du terme « amour », l'éros élémentaire, il convient d'étudier brièvement quelle fut dans l'Antiquité l'expérience qui porte le nom du dieu païen.

II. LE CONCEPT D'ÉROS DANS L'ANTIQUITÉ

Deux représentations se présentent généralement à l'esprit, lorsque dans la vie quotidienne on évoque l'éros de l'Antiquité : l'image de l'éphèbe ailé avec arc, carquois, flèches, couronne et flambeau, d'une part ; l'idée de « l'éros platonicien », de « l'amour platonique », d'autre part. – L'image des Amours charmants et badins n'a trouvé son expression achevée qu'à l'époque alexandrine et appartient au *rococo* de l'Antiquité. L'éros platonicien, quant à lui, renoue avec des traditions plus profondes, mais il en donne une image délibérément invertie, comme nous le montrerons plus loin. – Éros comme petit gamin que sa mère Aphrodite punit avec une verge pour ses espiègleries, Éros comme Amor, est une création des poètes bucoliques. Dans les *Syracusiennes* de Théocrite, au-dessus d'Aphrodite et d'Adonis au repos…

> Plane la cohorte des Amours
> Tels des éphèbes en gracieuse fleur,
> Ainsi la nichée du rossignol,
> Logée dans les arbres ombreux,
> Volant de branche en branche
> Éprouve ses ailes juvéniles.

Cette version ou celle, bien plus riche, de l'« Amor » dont la fable gracieuse d'Apulée raconte l'amour aussi passionnel que fatal pour « Psyché », a refoulé la figure originelle du dieu dans les esprits de l'époque tardive, à un point tel que de nos jours même la personne « cultivée » ne peut pas toujours suivre lorsqu'on parle de l'éros « cosmogonique » ! Il y déjà une autre tonalité dans le chœur de l'*Antigone* de Sophocle :

> Éros qui triomphes de tous,
> Tu choisis comme guet
> Pour l'assaut d'une proie sûre
> Les joues roses de la vierge.
> Tu marches au-dessus de la mer
> Et traverses les champs de la terre.
> Personne ne peut te fuir,
> Ni un dieu éternel
> Ni un homme mortel.
> Te ressentir est un délire.
> Tu mènes dans l'injustice
> Même le cœur du juste.
> Par toi s'est enflammée,
> Cette fois encore, la querelle
> Entre le père et le fils ;
> Car contre la voix puissante
> Du commandement originel
> Le désir amoureux s'élève…

Et plus encore que dans ces vers conceptuellement si concis du poète tragique, nous dressons l'oreille et commençons à pressentir la nature démonique de l'éros originel, lorsque celui qui normalement n'en parle que dans des badinages plaisants, lorsque Anacréon nous apprend qu'Éros tantôt le frappe d'un marteau puissant, tantôt le plonge dans un frais torrent tel l'acier ardent du forgeron. Mais nous sommes véritablement comme frôlés par les battements d'ailes de la jeunesse et de ses frissons évanouis lorsque nous lisons ces vers d'Ibycos :

Comme fouetté par l'éclair
Devant les ardeurs destructrices de la Cypris
L'orage du nord, l'orage thracien
Furieusement s'abat,
Ainsi, les sens en délire,
M'assaillant irrésistiblement,
Éros, depuis mon réveil,
Règne dans mon cœur.

Il nous semble qu'entre ces vers et ceux de Théocrite, il y a un long chemin pendant lequel le concept d'éros s'est modifié fondamentalement dans les esprits des penseurs, noyant la figure démonique, menaçante et prometteuse de la puissance élémentaire dans des nuages lointains, au fur et à mesure que progresse une époque dont les émotions et les limites deviennent de plus en plus humaines – pour enfin l'abandonner à l'oubli. Trois siècles et demi s'étaient écoulés entre les jours d'Ibycos et l'époque de Théocrite ! Nul doute alors que plus nous reculons dans le temps, plus les contours supra-humains de cette figure reprennent du relief. Le fait qu'Éros est complètement absent de la théologie beaucoup plus ancienne d'Homère ne doit pas nous empêcher de rattacher les impulsions culturelles qui l'ont produit à une époque encore plus antique. Car on sait de nos jours que le triomphe des puissances divines spirituelles et personnelles sur les puissances divines chthoniennes et élémentaires s'est produit beaucoup plus tôt chez les Grecs ioniens des côtes d'Asie Mineure que chez les Grecs du continent maternel. Ce n'est pas chez Homère qu'il nous faut chercher les vestiges les plus éloquents de l'époque archaïque, mais chez Hésiode et dans l'héritage des sectes et des sociétés secrètes, qui témoigne du conflit de toutes les couches de l'âme grecque avec la marée dionysiaque entre le huitième et le sixième siècles.

Dans Hésiode – pour autant qu'il traite d'Éros – nous ne trouvons pas encore l'Éros cosmogonique au sens étroit du terme, mais bien un Éros qui en tant que « plus beau de tous les dieux immortels » forme avec Gaia et le Chaos prépolaire, qui précède les deux, la trinité originelle, créatrice de toute vie. Dans les doctrines mythiques de l'orphisme, nous rencontrons enfin un Éros cosmogonique à part entière ; dans celle qui est la plus importante pour notre propos, Chronos, le « temps qui jamais ne vieillit », forme avec l'éther et le gouffre infini *l'œuf d'argent du monde*. De lui éclôt le dieu lumineux Phanès-Éros-Dionysos (appelé aussi Métis ou Erikapaios), qui, de nature hermaphrodite, porte en lui les germes de tous les dieux. Par auto-accouplement, comme nous pouvons l'indiquer par anticipation, il engendre la plus ancienne des trois races de dieux grecs : Échidna, Gaia et Ouranos. De manière comparable, le Zeus de Pherecydes ne devient démiurge qu'après s'être métamorphosé en Éros. Lucain encore évoque l'Éros démiurge à titre d'« hiérophante des initiés » ; il aurait plongé le Chaos dans les ténèbres et pénétré la nuit, qui peu à peu prend forme, d'un « flambeau rayonnant ». – Or, d'après les témoignages que nous ont révélés des recherches récentes, il n'est plus douteux que l'orphisme avait renoué avec des cultes immémoriaux, nonobstant le fait que par la suite il se fut dégradé en une doctrine de salut, préparant ainsi le sol sur lequel fleurira l'école des Pythagoréens et le platonisme. Quelle différence alors par rapport à notre image des Amours ailés, lorsque nous apprenons que l'Éros originel de Thespies, en Béotie, que les Thespiens célébraient tous les cinq ans dans leurs Érotides, fut représenté sous la forme d'une immense pierre brute, comme l'aérolithe de la Grande Mère, Cybèle, ou, pour faire un saut dans le temps, cette pierre conique en Émèse, avec laquelle la folie du César Héliogabale, prêtre du dieu éponyme, se gaussait des dieux romains ! (Bien moins, à vrai dire, qu'il ne semble, car un « silex sacré » auprès duquel on jurait et concluait des alliances solennelles se trouvait également dans le temple de Jupiter Férétrien!) Nous possédons par ailleurs des témoignages sur des temples et des cérémonies consacrés au même Éros à Leuctres, en Laconie, et à Parion, en Troade (nous renvoyant, quant à cette dernière, à l'époque préhistorique des Pélasgiens). Le passage aux ordres orphiques et bachiques est nettement représenté dans l'antique culte de « Déméter prodigue de dons », à Phlya, où régnait, à côté de Zeus Ktésios, l'Éros Cosmogonos en tant que dieu des mystères et « sauveur ». C'est à son honneur que retentirent les hymnes orphiques des Lycomides ; Pausanias, qui les connut encore, les jugeait supérieurs aux hymnes homériques : si ceux-ci étaient plus beaux par « l'ornement verbal », ceux-là l'emportaient à ses yeux par leur plus grande « piété ».

Autant ce démon de grossesse planétaire et de renaissance éternelle se distingue de l'Éros alexandrin des passions légères, autant l'Éros de l'amour viril, même s'il est plus tardif, se distingue de l'idée que nous nous faisons généralement de « l'amour hellénique des garçons », tiré essentiellement de Platon. Il doit y avoir quelque chose de très grave, voire d'effrayant autour du dieu qui soudait dans la fidélité, maintenue jusqu'à la mort héroïque pour la patrie, la « sainte phalange » des Thébains, ou qui amenait les Crétois à placer justement les plus beaux de leurs jeunes hommes aux avant-postes de leur armée, en offrande à Éros. Et ce n'est sans doute pas en vertu d'un trait féminin que son culte se fût préservé le plus longtemps dans la dure et archaïque Sparte !

Tout cela nous semble justifier que nous classions l'Éros *originel* dans la série des grands dieux des mystères, à côté des Sabazios, Attis, Dionysos, Bacchus, Osiris, Sérapis *etc.*, qui à leur tour forment le cortège des *Grandes Mères* : des Cybèle, Astarté, Aphrodite, Ma, Anaetis, Berecynthia, Isis, Déméter, Hécate, Perséphone, Uranie, Luna, Magna mater, Venus cœlestis, Anna perennis, Bellone, et ainsi de suite. Mais tandis que celles-ci connurent, pendant le syncrétisme religieux de l'Empire romain, une floraison toujours plus riche, le culte d'Éros allait peu à peu sombrer dans l'oubli, et de ce démon des sacres immémoriaux, il ne restait bientôt que deux choses : l'éros humain d'une part, que l'art célèbre dans les formes que l'on sait et que les poètes lyriques chantaient avec esprit, et l'éros comme concept philosophique partiel d'autre part, au service, quant à lui, de la *catharsis* des sociétés secrètes qui avait dégénéré en arrière-mondisme et en doctrine de renoncement ; leur *culte* tardif tournait essentiellement autour de Baal, Sérapis, Zagreus, Mithras, et Sol invictus. Nous aborderons plus loin la question de savoir pourquoi c'est justement l'Éros cosmogonique qui fut frappé d'un tel sort, mais avant cela, nous devons consacrer quelques mots aux doctrines de l'homme qui a contribué de manière décisive à la formation du concept *philosophique* d'éros dans l'Antiquité, à savoir Platon.

Bien que l'idée d'éros traverse plus ou moins toute la philosophie de Platon, les deux dialogues proprement « érotiques » sont bien le *Banquet* et *Phèdre*. – Puisque leur contenu peut être supposé connu, nous nous contenterons d'en citer quelques passages, pour nous y référer par la suite, que ce soit de façon affirmative ou critique.

Au sujet de l'explication du caractère irrésistible du désir amoureux par l'idée de la séparation en deux moitiés d'êtres primitifs, androgynes et au corps de boule, que les dieux, pour empêcher qu'ils ne devinssent trop puissants, avaient coupés en deux, nous apprenons que la question d'Héphaïstos – à savoir s'ils souhaitaient qu'il les ressoudât en un seul élément – répondait à leur souhait le plus intime, celui de « devenir un avec l'être aimé par sa proximité et par l'union avec lui ». De la définition de l'éros par le platonicien Socrate, présentée, comme on le sait, comme la révélation d'une femme, Diotime, nous ne rappelons que l'endroit essentiel selon lequel l'éros n'est ni Dieu ni homme mais un démon, en vertu de sa descendance du père divin Poros (inventivité et plénitude) et de sa mère non divine, Penia (manque, pauvreté) ; ce qui explique, selon Socrate, que son degré de perfection est juste suffisant pour le faire aspirer à une perfection plus haute. Il se présente ainsi comme un médiateur entre les dieux et les hommes ; « grâce à cet élément démonique ont pu naître la divination dans son ensemble, la science des prêtres touchant les sacrifices, les initiations, les incantations et.. la magie. Car un dieu ne se mêle pas à l'homme, mais tout commerce et toute conversation des dieux avec les hommes se réalisent par ce biais, que ce soit en état de veille ou dans le sommeil. Celui enfin qui est savant dans ce domaine est un homme démonique, tandis que celui qui n'est savant qu'en d'autres domaines.. est un homme commun »[*].

L'état d'excitation érotique, qui, d'après le passage que nous venons de citer, est conçu de façon beaucoup plus large que dans l'usage actuel, est ainsi fondé sur un besoin singulier, poussant celui qui l'éprouve vers l'objet de ce besoin ; cet objet le compléterait et dispenserait seul la plénitude.

---

[*] Les passages de Platon sont en général cités d'après la traduction de Léon Robin, modifiée par endroits. (N.d.T.)

« Si donc l'amour est toujours cela », continue Diotime, « quel est, chez ceux qui poursuivent cette fin, le genre d'existence, quel est le mode d'activité, pour lesquels à leur zèle, à leur effort soutenu, conviendrait le nom d'amour ? » Et quand Socrate ne sait que répondre, elle réplique : « Eh bien !, je vais te le dire : c'est un engendrement dans la beauté, et selon le corps et selon l'âme. Car tous les êtres humains sont en état de grossesse .. une fois qu'ils ont atteint un certain âge, notre nature a le désir d'engendrer. Or, engendrer, elle ne le peut dans la laideur, mais seulement dans la beauté.. ainsi, la beauté est ce qui, pour la génération, sont Parque et Ilithye. »

Par la suite, Platon distingue le désir d'engendrement physique du désir d'engendrement de l'âme : celui-là se trouve chez l'animal et dans la part animale de l'homme ; celui-ci ne se trouverait que chez l'homme, dans sa part relevant de l'âme. De cette dernière naissent tout aussi bien les œuvres des artistes et des poètes que les actions des héros (pour s'assurer une « gloire éternelle » dans la mémoire de la postérité) et les rapports d'amour proprement dits – entre, bien entendu, homme et éphèbe ! – dont le but est d'engendrer la sagesse suprême dans l'âme de l'aimé et de retrouver ensemble la félicité céleste. De quelle façon l'amant atteint enfin le but de l'éros, la *telete*, nous l'expliquerons plus aisément par un rapide coup d'œil sur la « doctrine des idées » exposée dans *Phèdre*.

L'opinion de Platon est celle-ci : quand quelqu'un aime un homme beau ou vertueux, il n'aime pas l'individu éphémère, qui sans doute n'est pas exempt de tout défaut, mais il aime en lui, ou chez lui ou, mieux encore, par son incitation, *la* beauté, l'excellence, la bonté, l'équité ou n'importe quelle autre qualité qui peut paraître digne d'amour. La personne individuelle n'est jamais *la* beauté, *la* bonté, *l'*excellence, mais elle la représente seulement comme le font d'autres à côté d'elle. Beaucoup d'individus ont part à l'unique et même beauté, bonté, excellence et c'est leur participation aux « idées » de beauté, de bonté, et d'excellence, idées supra-personnelles, impérissables et parfaites, qui les rend dignes d'amour. – Mais comment est-ce que nous pouvons avoir connaissance de ces « idées », étant donné que tout objet singulier que nous percevons ne coïncide jamais avec une quelconque « idée » ? Par quel moyen pouvons-nous appréhender ce qui en soi ne peut être perçu ? La réponse platonicienne est : par le souvenir (l'anamnèse) ! Dans une existence prénatale, « meilleure » et « supérieure », lorsque notre âme ou plutôt sa partie immortelle ne s'était pas encore mêlée à une corporéité, nous fûmes capables de *voir* les « idées » ou « archétypes ; mais un jour – suite, apparemment, à une sorte de « chute » métaphysique – l'âme immortelle s'était abaissée dans la corporéité. Vint alors l'époque de l'oubli de son état prénatal et, partant, des « idées » contemplées alors. La nature de l'éros consiste ainsi à éveiller soudainement en nous, lorsque nous regardons certaines personnes douées d'une participation hors du commun à ces « idées », le souvenir de ce que nous vîmes jadis, de façon à ce que – découvrant la beauté, la bonté, l'excellence, invisibles aux sens, dans leurs *simulacres* périssables – nous nous en éprenons.

« Il faut en effet, chez l'homme, que l'acte d'intelligence ait lieu selon ce qui s'appelle Idée, en allant d'une pluralité de sensations à une unité où les rassemble la réflexion. Or, c'est là une remémoration de ces réalités supérieures que notre âme a vues jadis, quand elle cheminait en compagnie d'un dieu, quand elle regardait d'en haut ces choses dont à présent nous disons qu'elles existent, quand elle dressait la tête vers ce qui a une existence réelle ! » « Mais c'est un fait que, seule, la beauté a eu cette prérogative, de pouvoir être ce qui se manifeste avec le plus d'éclat et ce qui le plus attire l'amour. » Mais l'initié « qui, des réalités de jadis, eut une abondante vision, celui-là, quand il lui arrive de voir un divin visage, parfaite image de la beauté.., il va commencer par frissonner.. Ensuite, il porte là-dessus, avec révérence, son regard, comme si c'était sur un dieu, et même, s'il n'avait pas peur qu'on lui fît la réputation d'être complètement fou, il sacrifierait devant son bien-aimé, ainsi que devant une image sainte .. ».

S'ensuit le conflit entre « le bon et le mauvais cheval » de l'âme, ou entre « l'amour terrestre et l'amour céleste », inventé par Platon (conflit entre Aphrodite Pandémos et Uranie dans *Le Banquet*), ou, sans périphrase, entre le penchant sensuel et l'enthousiasme abstrait de l'âme. Dans la mesure où « l'amour céleste » triomphe sur « l'amour terrestre », le désir amoureux s'évapore et fait place au désir de développer le potentiel spirituel du bien-aimé à son degré maximal et de le rendre semblable, de cette façon, au dieu lui-même, que l'éclair anamnésique de l'éros avait permis de reconnaître en lui à l'état de germe. À savoir que chaque amant forme le bien-aimé – selon la loi des affinités électives entre le semblable – d'après le dieu qui le guide lui-même. Ceux qui sont guidés par Zeus, chercheront à savoir si l'âme du bien-aimé est de nature zeusienne et s'il a une vocation de philosophe et de chef ; ceux qui suivent Héra rechercheront une âme capable d'exercer la fonction de roi *etc*.

« Ces effets, comme, bien entendu, ils les attribuent à l'influence de leur bien-aimé, ils l'en chérissent davantage encore ; et.. pareils aux Bacchantes, ils en répandent sur l'âme du bien-aimé et le rendent le plus semblable qu'il est possible au dieu qui est le leur. »

Grâce à un amour de cette nature, l'âme se voit de nouveau pousser des ailes, qu'elle avait perdues pendant sa chute de la zone des archétypes dans le monde des simulacres éphémères, et ici déjà, elle s'approche de cette limite où elle devient capable de voir, au lieu de ce qui change constamment et « jamais ne se comporte de la même manière », cet être *immatériel*, *sans couleur* et *sans forme*, qui existe réellement ». (!) Après leur mort, les amants rejoignent définitivement cet « endroit supra-céleste » « que jamais encore un poète n'a dignement chanté ».

Car « ils sont devenus ailés et légers et ont gagné un des trois combats authentiquement olympiques, et ni la sagesse ni le délire divin ne peuvent procurer un plus grand bien à ces hommes. »

Nous sommes ici en présence du noyau philosophique du conte « Amour et Psyché », et voyons l'affaire principale de l'âme antique, l'éros, mise au service, par l'art subtil et séducteur d'une dialectique semi-poétique, d'une métaphysique de l'arrière-monde qui camoufle, par le leurre de béatitudes célestes, son essentielle hostilité envers les sens et enjolive sa véritable visée, à savoir *sa haine des plaisirs et sa guerre menée contre eux*. – Nous aurons à reparler du sens des prétendues « idées » ; nous nous limitons pour l'instant à dévoiler le but anti-vital de cette pensée dans le domaine de l'expérience amoureuse à l'aide d'une réflexion évidente et facile à comprendre.

Car nous nous demandons : est-il vrai que, lorsqu'un être en aime un autre, il aime en lui *la* beauté, *la* bonté, *la* vertu? Chacun sait que plus un amour est fort et profond, moins il cherche à se rendre compte de ses raisons ; et chacun sait aussi que l'amant peut découvrir dans la personne aimée bien des défauts et des faiblesses sans pour autant vouloir l'en débarrasser ; au contraire, il l'aime *avec* ses défauts et, effrayé, il souhaiterait même leur retour si tout à coup ils devaient manquer à son image. « Qu'auparavant tu m'inspirais de la frayeur, cela aussi fait, comme une image sombre, partie du poème de mon amour et de ma vie » (dit le personnage Accorombona chez Tieck). Il reste néanmoins possible que la bonté, la beauté et la vertu *en tant qu'éprouvées et vécues* aient secrètement été à l'origine de l'amour. Seulement, par tout avantage et par tout défaut que nous pouvons nommer, l'être aimé s'apparente à tous les autres êtres qui ont les mêmes avantages et les mêmes défauts. Qui pourrait sérieusement prétendre aimer un être en vertu de traits que celui-ci partagerait avec d'autres êtres ? ; ne devra-t-il pas concéder, plutôt, que l'être aimé en tant qu'aimé ne l'était que grâce à ce qui le *distinguait* de tous les autres ? Souvenons-nous des plus grandes passions de l'histoire et de la légende ! Pour Kriemhilde, il n'y a qu'un seul Siegfried, pour Tristan une seule Isolde, pour Ophélie un seul Hamlet, pour Héloïse un seul Abélard, pour Dante une seule Béatrice, pour Juliette un seul Roméo, pour Hölderlin une seule Diotime. Quand cet objet unique périt ou fut arraché d'une autre manière à l'amant, *tout* périt à ses yeux et *tout* lui fut arraché. L'idée qu'il y a tant d'hommes et de femmes de qualité égale ne peut nullement remplacer l'être particulier auquel l'amour l'attachait par des voies incalculables. Certes, comme nous l'avons souligné plus haut, l'Antiquité ignorait les passions « éternelles » et ne connaissait que des passions d'une durée limitée. Cependant, même une passion « éternelle » peut s'éteindre, et une deuxième, une troisième personne peuvent se placer sous le flambeau de l'éros ; mais celle qui *à cet instant* se trouve sous son rayon est enlevée du reste du monde par son caractère totalement incomparable. Cela vaut en tout cas au même titre pour la passion antique que pour la passion au Moyen Âge. La personne aimée est aux yeux de l'amant hors de toute comparaison non parce que ses qualités sont supérieures à celles des autres, mais parce qu'elle est *celle qu'elle est et pas une autre.* « Je n'ai jamais cherché autre chose en toi que toi-même ; toi seul, purement, et non ce qui t'appartient », écrit Héloïse à Abélard. On ment alors, si l'on prétend que l'amour dépend de la beauté ou de la vertu (universelle) de la personne, car ce faisant on fausse l'état vivant de l'éros en y projetant l'état intellectuel de la connaissance ! Or, le but secret de cette falsification est évident. En parant du mot « éros » un intérêt de la raison et en n'acceptant qu'un éros dont l'objet puisse se vanter de quelque « vertu », on refoule et détruit l'éros véritable. De même que la phraséologie chrétienne de l'amour a servi à imputer au vrai amour qui choisit et divinise, le commandement égalisateur de la respectabilité universelle – on dit « le prochain » pour dire « le gueux » ! – de même, l'éros platonicien (du « christianisme préexistant », selon Nietzsche) a servi à imputer à l'excitation de l'âme une *affection de la raison* selon laquelle nous devrions aimer des fantômes conceptuels par le biais d'une pensée scolastique ! Il est à peine nécessaire d'ajouter que cela démontre suffisamment combien cette « Vision », dans laquelle l'éros est censé s'accomplir, est schématique.

III. L'ÉROS ÉLÉMENTAIRE

Si nous voulons nous entendre sur l'essence de l'éros élémentaire, sur son sens *par rapport* à la réalité et sur les *conditions* de sa manifestation, nous devons d'abord essayer de cerner ce qu'il *est* intrinsèquement. Mais cela ne peut se faire qu'en décrivant *l'état* qui selon notre conception serait un état érotique élémentaire. Or, dans la mesure où une telle caractérisation peut être comprise seulement par quelqu'un qui par lui-même pourrait la référer au souvenir d'au moins *une* expérience vécue analogue, notre première observation est en même temps un premier pas vers une science « ésotérique ». À cet égard, la science de l'âme n'est pas dans une situation plus désespérée que la simple science des faits. Nous pouvons en effet expliquer les lois de l'optique à quelqu'un qui est né aveugle ; mais la représentation de la couleur bleue lui restera aussi étrangère qu'avant. Comme nous devons présupposer la capacité visuelle chez notre auditeur lorsque nous lui parlons couleurs, ainsi devons-nous présupposer chez lui une capacité minimale de faire l'expérience érotique élémentaire quand nous lui parlons de l'éros. Il y a cependant un moyen d'aider le discernement, à savoir d'opposer l'objet en question à ce qu'il n'est pas. L'historien de l'art qui veut mettre en évidence l'originalité de Vélasquez confronte par exemple un de ses portraits à un portrait de Dürer : ce qui les distingue se détache alors immédiatement de ce qui leur est en commun. Nous allons procéder de la même façon pour élucider l'essence de l'éros en choisissant un de ses opposés, qu'on n'a néanmoins pas cessé de confondre avec lui, à savoir la pulsion sexuelle, devenue, pour ainsi dire, célèbre de nos jours.

Éros n'égale pas pulsion sexuelle et pulsion sexuelle n'égale pas éros. Avant de démontrer leur différence, indiquons en quelques mots ce qui a pu présider à leur confusion. – Une caractéristique constante de l'état érotique est la volupté. Si par conséquent on inventait une pulsion érotique, ce serait sans doute une pulsion vers la volupté. Mais on remarque tout de suite que la volupté se manifeste aussi dans le domaine de la pulsion sexuelle, à l'occasion de la satisfaction de la pulsion, et que c'est cela ce que le mot volupté évoque avant tout. Certes, des expressions comme « volupté de la victoire, du triomphe, de la cruauté » nous apprennent que par ce mot peuvent être désignés de tout autres plaisirs que ceux qui, dans l'idée que beaucoup de personnes s'en font, sont *purement* physiques et accompagnent la détente d'une poussée animale. Nous pouvons au moins supposer ceci : que la satisfaction de la pulsion sexuelle *peut* être accompagnée de quelque chose qui de manière comparable caractérise également l'état érotique, ce qui expliquerait plus ou moins pourquoi on avait confondu éros et sexus. Mais en disant cela, nous avons déjà épuisé les éléments communs, et les différences, artificiellement écartées, apparaissent aussitôt.

S'il est vrai que l'éros est un état de la volupté, la pulsion sexuelle y prend part de façon tout au plus furtive, comme celui qui saute à travers un feu prend part à la lueur des flammes ; mais il *est* aussi peu l'éros lui-même que celui qui traverse la flamme n'est la flamme. En appelant la pulsion sexuelle un instinct de reproduction, on avait sans doute manqué son essence ; mais on la manquerait non moins si on également compris que ce jeu, en tant qu'infini par sa nature même, ne peut aboutir à un vrai accomplissement. C'est pourquoi il se réfugie dans l'idée d'une « auto-négation de la volonté », tout comme Platon, pour des motifs identiques, s'est réfugié dans l'idée d'un lieu « supra-céleste » et l'univers indolore et exsangue des concepts hypostasiés. La vie aurait en effet cet aspect si elle n'était que mort et ambition, désir et détresse, passivité et douleur de la volonté, au lieu qu'elle est richesse inimaginable de couleurs, de sons et de parfums, dans lesquels nous métamorphose le prodige de – l'éros. Dans l'ivresse qui accomplit un tel miracle, l'âme du monde, créatrice d'essences, libère et envahit le porteur de l'âme, comme l'exprime le Voyant Hafiz :

> La lumière de la vraie révélation,
> Tu ne la recevras que dans l'ivresse.
> Car c'est folie de penser que l'Innommable
> Ne soit pas complètement obscur.

En commentant l'exemple que nous avons choisi plus haut, nous pouvons affirmer ainsi par anticipation : que la satisfaction sexuelle est une volupté dans la mesure où elle participe à l'état de *l'ivresse érotique*, et que la volupté sexuelle est dépourvue de la perfection de l'éros dans la mesure où elle n'est que la *satisfaction* d'une pulsion voire d'un désir purement humain.

Mais il découle de ce qui précède une différence si extraordinaire entre ce qui est à l'origine de chacun des deux types d'ivresse, que nous ne pouvons plus espérer élucider davantage l'essence de l'éros par la simple comparaison avec la pulsion sexuelle. Car tandis que la volupté de la satisfaction liée à la pulsion sexuelle va de pair avec l'union sexuelle de deux êtres, les situations qui permettent l'entrée du porteur de l'âme dans le cercle enflammé de l'ivresse érotique ne se laissent pas limiter, fût-ce de manière spéculative. Elle peut se produire à la simple vue d'un être aimé, que ce soit un être de sexe opposé ou de même sexe, que ce soit un animal ou une plante ; elle peut s'accomplir de manière non moindre dans la sensation d'un parfum, dans la dégustation d'un vin, dans la perception d'un son, ou en touchant une branche mouillée par la pluie. Elle peut s'éveiller dans la veille comme dans le rêve le plus obnubilant. Elle fête ses orgies sous l'orage du printemps, dans la contemplation du firmament semé d'étoiles, dans l'averse de grêlons, sur des cimes enflammées, devant la mer déchaînée qui se heurte aux récifs ou sous les éclairs du « premier amour », mais non moins dans l'étreinte du destin qui écrase son porteur. Elle est la volupté simultanée de la naissance et du déclin ; une volupté où l'agonie et la mort deviennent une métamorphose mélancolique et bienheureuse. Dans l'instant éternel de sa perfection repose : une *fureur déchaînée* ou un *ravissement cristallin.* – Par cela nous avons déjà anticipé sur ce qu'il convient d'alléguer en second lieu. L'ivresse érotique ressemble si peu à un besoin quelconque que ce qui en elle est une poussée doit être qualifié de poussée de *débordement*, de *profusion* rayonnante, d'un *don de soi* sans mesure. Elle n'est ni besoin ni manque, mais l'excès d'une plénitude, une flamme qui répand de l'or et une fertilité porteuse de mondes. C'est pourquoi tout objet sur lequel tombe son rayon s'illumine d'une beauté indicible ; sur le sol que son pied a foulé jaillissent des buissons en fleurs et dans son étreinte le dieu emprisonné s'affranchit des choses et des hommes ! Telle est la caractéristique la plus générale de l'état que dans le langage symbolique de l'esprit voyant de la plus haute Antiquité on appelait *Éros cosmogonique*. – Comment est-ce que la cupidité de la pulsion sexuelle a pu être associée à lui – pourquoi est-ce seulement dans l'acte sexuel, semble-t-il, qu'il en est demeuré un reste que les hommes aussi soient capables de ressentir – et comment est-ce qu'il faut situer l'amour vrai et profond, l'amour « qui triomphe de la mort », à son égard ?

Étant donné qu'il sera plus facile de trouver une réponse à ces questions à partir de l'essence de l'éros plutôt qu'à partir des multiples formes de sa manifestation, nous la laissons pour le moment en suspens et essayerons de dessiner de traits plus forts le contour qui s'est dégagé de la comparaison entre éros et sexus. – Ce que révèlent ces quelques traits semble se prêter à un rapprochement avec ce que Nietzsche, dans sa mémorable *Naissance de la tragédie*, avait qualifié d'« ivresse dionysienne ». Ne va-t-il pas jusqu'à se référer au juvénile hymne à la joie de Schiller afin de nous faire mieux comprendre que ce qui dans la déferlante de l'enthousiasme bachique délimite et libère, est en même temps son élément fédérateur ? Et l'état érotique peut sans conteste être qualifié de dionysien, même si l'état dionysien ne peut pas être qualifié d'érotique au même titre. Les deux se rencontrent en effet dans l'état d'âme extatique comme dans le débordement profus, qui (selon l'expression que Nietzsche avait reprise de Schopenhauer) brise les frontières de « l'individuation » et replonge la vie singulière dans celle des éléments.

Il est alors à peine nécessaire d'expliquer ce qui a motivé le choix de termes comme éros « cosmogonique » ou éros « cosmique ». L'éros est dit élémentaire ou cosmique dans la mesure où l'individu qui est saisi par lui se sent animé et envahi par une sorte de courant électrique qui, comparable en cela au magnétisme, fait que, sans égard à leurs frontières, les âmes les plus éloignées peuvent se deviner dans un élan commun ; il transforme le moyen même de toutes les actions qui séparent les corps, à savoir l'espace et le temps, en l'élément omniprésent qui nous porte et nous entoure comme un océan ; il relie ainsi, en dépit de leur différence à jamais inaltérable, les *pôles du monde*. Et il s'appelle cosmogonique parce qu'il est un état de plénitude débordante selon lequel l'intérieur – dans un accouchement immédiat – devient instantanément un extérieur, monde et réalité apparue. Très différent du simple sentiment, il est en même temps la manifestation incessante de ce qui jaillit de l'âme la plus intime. Si, sans considération de l'opinion de son auteur, nous complétions ce mot très juste de Hegel selon lequel « rien n'est essentiel qui ne se manifeste », de la manière suivante : « Et seulement en tant qu'enflammé par l'éros, l'essence abandonne l'obscurité informe pour la splendeur du phénomène », nous aurions déjà mis en lumière comment l'ivresse élémentaire est, au-delà de tout simple état, le garant, pour l'âme, de sa participation immédiate aux événements créateurs. Du moins aurions-nous exprimé ainsi pourquoi lui seul dispense ce bonheur exaltant qui « comme le soleil couchant prodigue incessamment et sans retenue ses richesses et les verse dans la mer, ne se sentant au comble de sa richesse que lorsque même le pêcheur le plus pauvre navigue avec une rame dorée » (Nietzsche, *Le Gai Savoir*)[1]. Dans une guirlande de sonnets, la plus belle peut-être qui jamais fût offerte à la langue allemande, Eichendorff déduit la puissance irrésistible du chant originel de l'éros créateur-de-mondes et le révèle à cette occasion dans des mots qui – jaillissant de *sa* flamme même – dépassent tout commentaire et illustrent dans le chant ce que nous touchâmes plus haut :

> Celui qui une fois profondément a bu :
> La source merveilleuse en son sein le ramène,
> Afin qu'il y devienne une onde mélodique
> Où le monde se brise en milliers d'étincelles
>
> Et la source sacrée grandit, se verse et brille
> Par le désir ivre, et jubile au plus intime,

Tantôt dans la ravine, il perce vers le jour
Tantôt, un souffle frais, il plonge dans l'obscur.

Au-dessus des assauts de l'orage impatient,
Le poète s'en va dans une barque d'or,
Se sacrifiant lui-même saintement dans ses chants.

Dans un bruit fracassant, les vieux rochers se fendent,
Des mélodies connues de là-bas nous saluent ;
Il nous ramène tous vers la mer éternelle.

Si nous essayons maintenant de définir de plus près par quel aspect l'élément dionysien s'individualise en volupté élémentaire et érotique, nous devons analyser l'extase qui est à sa base avec plus de précision que même Nietzsche ne l'avait fait. Nous nous contenterons d'une formulation plutôt dogmatique des résultats de nos recherches, étant donné qu'une *histoire* de la notion d'extase dépasserait notre cadre et que nous avons déjà posé ailleurs les fondements d'une telle démarche. Au lieu de dire que l'âme individuelle *se fond* dans l'extase, nous pouvons également dire qu'elle se libère et qu'elle *est libérée* de certaines barrières et de certains liens qui caractérisent son attitude habituelle ; les questions suivantes pourront alors nous guider :

1. *Qu'est-ce qui* se libère dans l'extase ?
2. *De quoi* est-ce que cet élément se libère ?
3. Que l'élément libéré gagne-t-il par sa libération ?

IV. DE L'ÉTAT D'EXTASE

Nous pouvons répondre tout de suite aux deux premières questions, avant de poursuivre nos considérations : ce n'est *pas*, comme on l'a cru, *l'esprit* de l'homme qui se libère, mais *l'âme* ; et celle-ci ne se libère pas, comme on l'a cru, du corps, mais, justement, de *l'esprit* !

Le cosmos est vivant, et toute vie est polarisée selon âme (*psychae*) et corps (*soma*). Partout où il y a un corps vivant, il y a une âme ; partout où il y a une âme, il y a un corps vivant. L'âme est le sens du corps ; l'image du corps est la manifestation de l'âme. Tout ce qui se manifeste a un sens ; et tout sens se révèle en se manifestant. Le sens est vécu au-dedans, la manifestation au dehors. Le premier doit devenir image s'il veut se communiquer, et l'image doit s'intérioriser si elle doit agir. Ce sont, sans métaphore, les pôles de la réalité. – Si nous considérons maintenant le monde vu de l'extérieur de manière appréhensive et réflexive, il nous montrera partout la trinité pélasgienne des pôles, divisée dans l'unité de l'ensemble. L'espace est le corps du temps, le temps est l'âme de l'espace. Le jour est l'âme et le sens de la nuit, la nuit est le corps maternel de la lumière. Hiver et été, sommeil et veille, mort et naissance, se succèdent. L'élément féminin est le corps et la mère de l'âme, l'élément masculin le sens révélé et révélant du giron de la mère. Sang et nerfs, plexus solaire et cerveau, « cœur » et « tête », bouche et œil, gauche et droite présentent les mêmes rapports. Si l'on sépare l'un des deux éléments de l'autre, le monde s'écroule.

L'histoire de l'humanité nous montre dans l'homme, et uniquement dans l'homme, le combat « jusqu'à la mort » entre la vie universelle et une puissance extra-spatio-temporelle, qui veut anéantir les pôles en les divisant, désanimer le corps et décorporer l'âme : on la nomme esprit (*logos*, *pneuma*, *nous*). Il se manifeste conformément à la nature double qui est aussi la nôtre : par la discrimination réflexive (*noésis*) et par la volonté finaliste (*boulésis*). L'ancrage commun des deux, qui, en nous, est devenu le milieu excentrique de la vie, s'appelle : le moi ou le soi. En tant que porteurs de la vie, nous sommes identiques à tous les individus (c'est-à-dire aux êtres singuliers indivisibles) ; en tant que porteurs de l'esprit, nous sommes, en plus, des moi ou des soi. « Personne », *persona* en latin, identique au grec πρόσωπον, désignant à l'origine le masque du mime à travers lequel parle le démon, est depuis longtemps devenu la vie violée par l'esprit, la vie au service du rôle que lui impose le masque de l'esprit ! Nous ne vivons plus que dans l'obligation de penser et dans l'obligation de vouloir ; ce n'est qu'à travers le sentiment du moi que nous ressentons encore les voix de l'univers, dont nous avons été retranchés, et ce masque est devenu notre chair et chaque siècle il le devient encore davantage.

Ouvrons une parenthèse : à l'humanité préhistorique dominée par l'âme succédait l'humanité historique dominée par l'esprit. Mais à celle-ci succédera l'humanité post-historique de la larve animée par un *simulacre de vie* : nous assistons à son éclosion. Or, même si autour de nous, nous empoisonnons, brûlons et atomisons la vie : du cadavre de la mère assassinée s'élèvera implacablement la « vengeance des Érinyes ». L'humanité périra dans une horreur inimaginable par le châtiment de la vie souillée et déshonorée au moment même où elle célébrera le dernier triomphe sans limites de la larve, du Golem : ainsi parle Cassandre. Son destin est d'être raillée par ceux qui *doivent* être aveugles pour accomplir le malheur qu'elle annonce. –

Alors que chaque être animé non humain, même séparé et doué d'une intériorité propre, vibre dans le *rythme* de la vie cosmique, l'homme en avait été séparé par la *loi* de l'esprit. Ce qui au porteur de la conscience du moi apparaît dans la lumière de la supériorité de la pensée calculatrice sur le monde, apparaît au métaphysicien, à condition qu'il approfondisse suffisamment le problème, dans la lumière d'un asservissement de la vie sous le joug des concepts ! D'en libérer de nouveau la vie, celle de l'âme comme celle du corps, est le penchant secret de tous les mystiques et de tous les consommateurs de narcotiques, qu'ils en aient conscience ou non ; ce penchant s'accomplit dans l'extase. Les preuves rempliraient des centaines de pages. Nous n'en alléguerons que les plus évidentes.

Plusieurs penseurs modernes de premier rang ont défendu le point de vue selon lequel seul l'homme, en vertu même de sa participation à l'esprit toujours identique, est porteur d'une conscience du moi, ce qui nous suffit pour preuve[2]. Or, si dans l'extase l'âme se libère de l'esprit, elle doit aussi se libérer du soi. Nous en trouvons la confirmation entre autres dans la langue, et notamment dans la langue allemande. « Extase » se traduirait ainsi non pas par *Weggerücktsein*, « ravissement » au sens littéral d'enlèvement, mais par *Aussersichsein*, « être en dehors de soi ». La personne ivre ou enthousiaste, que ce soit par le moyen de narcotiques ou non, n'est plus « chez soi » (*bei sich sein*), il lui est « arrivé d'être hors de soi » (*außer sich geraten*), il court le risque d'« oublier soi-même » (*sich vergessen*), et, dégrisé, « revient chez soi » (*wieder zu sich kommen*).

Il est cependant parfaitement fondé que l'on emploie exactement les mêmes termes pour désigner l'effet surpuissant d'une pulsion. Car c'est bien dans la dépossession temporaire de l'esprit que l'excitation purement pulsionnelle et l'excitation extatique se rencontrent tout à fait. On peut « s'oublier soi-même », « sortir de soi » aussi bien dans la colère, et après l'acte pulsionnel d'un assassinat aussi, on « revient chez soi ». Néanmoins, si dans l'extase, comme nous l'exposerons plus loin, le soi est momentanément abandonné, au moment de l'excitation commune, en revanche, il se trouve simplement sous la domination d'une pulsion somatique ; et s'il est vrai que la pulsion brise la barrière du libre arbitre, elle ne brise pas pour autant celle de l'individu. Dans la pulsion, l'esprit est diminué sous le poids excessif de la vie individuelle ; dans l'extase, il est diminué par le pouvoir vital du monde. Dans la pulsion se manifeste la vie animale, dans l'extase se révèle la vie élémentaire. La première se montre à nous par la *virulence* de l'ébranlement qui nous saisit ; la seconde par sa *profondeur*.

Aussi ne trouve-t-on, parmi les langues indo-européennes, pas une seule qui ne décrive la profondeur et le pouvoir des sentiments comme quelque chose de subi, comme un état de souffrance et un accès de quelque chose ! « Pathos » (παθος), « passion » (passio), « Leidenschaft » : trois fois une souffrance (par définition « subie ») pour dire le degré maximal du sentiment qui jaillit des profondeurs de l'âme ! Si seulement on s'était posé la question : qu'est-ce, au juste, qui subit, et qu'est-ce qui *fait* subir, on n'aurait pas pu manquer la réponse : ce qui est passif, subissant, souffrant, assailli, est notre moi, et il est assailli par la puissance triomphante de la vie. Du moment que nous voulons ou pensons, nous disons : *je* pense, *je* veux, *je* fais, et nous soulignons d'autant plus nettement le moi que nous pensons et voulons avec plus d'insistance. Mais quand nous avons vécu et *ressenti* quelque chose de grand, il nous semble insipide et faible de dire : je ressentis la chose suivante ; au lieu de cela, on dit : je fus saisi, ébranlé, bouleversé, ravi, transporté par *etc.* (es *hat mich ergriffen etc.*)! Qu'est-ce qui nous transporte? La vie ! Et qu'est-ce qui est transporté ? Le moi ! – Ici, on peut citer la longue série de témoignages de la non-identité au moi, de l'étrangeté par rapport au moi de ce qui s'empare de quelqu'un qui s'est complètement abandonné. L'initié était, selon la conception grecque, un *entheos*, c'est-à-dire, plein du dieu ou du démon. Nous en gardons la trace dans des mots comme possession, enthousiasme et *Begeisterung*. Dans le dernier mot, il n'y a pas « *l*'esprit » à l'aide duquel on juge, mais *un* « esprit », un être non humain d'une autre espèce, comme dans le mot *Geistererscheinung*, « apparition d'esprits », appliqué ici, bien entendu, à un fantôme. En outre, ce que de l'état d'extase l'initié ramène dans la vie diurne lui apparaît comme une « intuition » (*Eingebung*), « inspiration », « illumination », donc comme quelque chose qui n'est pas né du moi, mais qui s'empare du moi comme venant de l'extérieur. Et aux témoignages linguistiques s'associent enfin les nombreuses déclarations de la part de vrais « extatiques » qui, avec une originalité authentique, décrivent le même fait. Dscheladdin Rumi, fondateur de l'Ordre des Mewlewi annonce :

> La mort termine les maux de la vie,
> Pourtant devant la mort la vie frissonne ..
> Un cœur frissonne ainsi devant l'amour,
> Comme, on dirait, menacé de ruine.
> Car lorsque l'amour s'éveille, *le moi,*
> *Ce sombre despote, s'en va mourir.*

Et ceci : « Celui qui connaît la force de la ronde, il vit en Dieu, car il sait comment l'amour *assassine* ! » – Nul doute : l'extase n'est pas la décorporation de l'âme, mais une dépossession et parfois une déspiritualisation.

S'il en est ainsi, toute extase doit parcourir deux phases : la phase dans laquelle le moi *sombre*, et celle où la vie *resurgit*. Celle-là est la partie préparatoire, celle-ci la partie d'accomplissement, la *telete* des Ordres secrets, dont Aristote (selon Synésios) a interprété avec justesse le caractère immédiat en observant que ce n'est pas par un « mathein », c'est-à-dire, par un apprentissage, mais par un « pathein », c'est-à-dire par une souffrance que celui qui se prépare à recevoir le mystère se parfait. Le chemin qui mène à la vie passe par la mort du moi, et la vie, pour tout être doué d'esprit, *ne s'acquiert qu'au prix de la mort*. Si nous nous souvenons de cela, nous comprenons pourquoi la tragédie est née des Mystères, et nous saisissons en même temps la dangereuse déviation dans laquelle s'était engagé le culte de l'âme en se dirigeant vers l'idée d'immortalité. Avant d'approfondir notre démonstration au sixième chapitre, nous pouvons dire par anticipation ceci : si celui qui veut gagner la vie doit traverser la mort, il suffit de mettre l'accent sur le triomphe sur la mort pour s'approcher de cette « doctrine du salut » qui, au lieu de l'éternité de la vie, promet l'infinitude de l'existence, transformant la couronne de l'initié en la couronne d'épines du martyr et pervertissant la devise « in aeternum renatus » en l'idée d'une résurrection dans « l'au-delà ». Dans le même but, l'homme de l'ici-bas avait fini par inventer le Moloch « avenir » qui engloutit ce en quoi toute vie se manifeste, à savoir l'instant, et en fait l'esclave d'une idée démente : la domination universelle du moi divinisé. –

Le sage, cependant, comme Goethe le célèbre, aspire à « mourir dans les flammes », car il sait que seul en tuant le moi, les portes de la vie s'ouvrent devant lui. Mais la dépossession de soi peut être vécue de deux manières différentes, et avec les temps et les individus changent aussi les rites préparatoires, selon que le moi est déchiré par l'ivresse ou qu'il s'y fond. À côté de l'extase par implosion, il y a l'extase par dissolution intérieure. La première est attestée dans la fureur des Ménades (et le vin, en tant qu'il « brise les soucis »), la seconde est confirmée par le fait que tous les dieux de l'ivresse, et en premier lieu Dionysos, Bacchus, et Éros, sont surnommés « Lysios », « Lysimeles », donc « dissolvants », « qui dissolvent les membres ». Et comme l'implosion fait penser à la mort physique, la dissolution fait penser au sommeil « qui détend les membres ». Si par conséquent le sommeil et la mort peuvent libérer l'âme de son antagoniste le plus terrible, le moi, nous comprenons pourquoi c'est justement l'âme qui peut participer au penchant immémorial des hommes pour les « poisons » narcotiques. Il n'y a peut-être jamais eu de vrai extatique qui occasionnellement n'eût également été un consommateur de narcotiques, et ce n'est pas un hasard si des us orgiastiques accompagnent la fête des vendanges depuis des temps immémoriaux. Le démon des sacres bachiques est en effet en même temps un dieu du vin, et ce jusqu'à nos jours – Bacchus et Vénus ! Personne n'a annoncé ce fait de manière plus splendide que cet autre grand poète, l'immortel Hafiz, dont les chants et les sentences étincelants, grâce à la traduction incomparable de Daumer, sont devenus partie intégrante de notre littérature :

L'amour, qu'il brise donc mon corps ;
Que le vin ma vigueur affaisse !
Je ne serai vaillant et fort ;
Car je me plais dans ma faiblesse !

Le recours aux anesthésiants, répandu de tout temps et chez les peuples du monde entier, témoigne avant tout du désir passionnel de l'âme de fuir le cachot dans lequel l'a emprisonnée l'esprit. Tout ce que de manière pédantesque on a dit et écrit à ce sujet passe à côté de l'essentiel et ne fait que révéler les prétentions de l'esprit propres à une morale hostile envers la vie. Certes, « l'ivrogne » est un phénomène de dégénérescence ; mais non parce qu'il « boit », mais parce qu'est devenue chez lui une habitude émoussée ce qui pour le vivant est une fête et une célébration ! Mais l'homme, ne dégénère-t-il que par la consommation des drogues ? L'agitation sans trêve qui se plie sous le joug de la nécessité et qui de nos jours rend d'innombrables personnes esclaves de la machine, n'est-elle pas un vice encore plus grand ? Comparée à l'horrible dévitalisation à laquelle conduit ce dernier, l'ivrognerie préserve au moins un reflet festif !

> Tant qu'on n'est pas grisé,
> Le mauvais est prisé ;
> Mais après qu'on a bu,
> Le juste est reconnu ..

Et n'est-ce pas faire l'apologie d'un narcotique bien pire que de célébrer le « travail » qui dévore la vie[3] ? Si jamais on voulait nous opposer des stéréotypes comme « le nocif » et « l'utile », il conviendrait de rappeler que des notions comme celle d'« utilité » n'ont pas la moindre place dans la doctrine de la vie ! Ce n'est pas dans l'existence et dans l'affirmation de l'existence que la vie se révèle, mais uniquement dans ces instants de plénitude débordante que même la destruction du corps ne paye d'un prix trop élevé ! « Il ne faut pas croire que quelqu'un ait eu une longue vie parce que ses cheveux sont blanchis et que son visage est couvert de rides : il n'a pas vécu longtemps, il a seulement existé longtemps ! » (Sénèque) Certains sont nés vieux, et même s'ils comptent quatre-vingt-dix ans d'*existence*, ils n'ont peut-être *vécu* que pendant deux minutes. Or, celui qui meurt jeune ne perd pas pour autant les instants éternels que la grâce lui avait accordé de vivre !

La science de l'âme doit être complétée par une science des narcotiques. L'opium, le haschisch, la cocaïne, l'alcool, l'éther, l'encens, le laurier, les solanées, même la nicotine, la caféine, et la théine ont servi la volonté de dépossession des visionnaires et une science des « signatures », comme l'avait ébauché de manière grandiose la mystique de la Renaissance, jetterait une lumière essentielle sur la nature de l'ivresse. Aujourd'hui, nous devons nous contenter de la vision intérieure.

Au moins de la forme dissolvante de la dépossession, plusieurs tournures attestent qu'elle conduit vers des états semblables au rêve. Nous savons tous, par souvenir, que nous vivions comme en songe : dans « l'oubli de soi », en éprouvant une félicité rare ; ou que nous étions complètement « perdus » dans la contemplation du soleil couchant, tout « épanouis » en écoutant le chant séducteur d'une flûte, ou encore profondément « plongés » dans l'image lointaine des jours de jeunesse. Tandis que dans l'extase implosive se manifeste la promptitude de l'âme libérée à « sortir », à « vagabonder », à « errer », la dissolution intérieure prépare, en revanche, à son « ravissement ». Bien que la volupté extrême de l'éros puisse s'associer aussi bien à la dépossession implosive qu'à la dépossession dissolvante, il existe entre cette dernière et la volupté érotique une affinité sensible, et c'est pourquoi nous ne trouvons mieux, pour dépeindre la *douceur* du frisson érotique, que d'accentuer le caractère fusionnel et débordant de l'abandon de l'âme. En retenant cela comme un critère essentiel de la volupté érotique, nous reconnaissons sans difficulté la part qu'elle prend d'un côté à tous les instants de « plaisir » éprouvé dans la satisfaction des désirs physiques (que ce soient ceux de la nourriture, de la boisson ou de l'enlacement), de l'autre à toute sorte de bonheur authentique, de « félicité », « béatitude », « animation » (*Beseeligung*), « enchantement », voire aux sentiments hauts et déjà affectés d'esprit que sont le « ravissement » et la « transfiguration ». –

Dans les théogonies des Orphiques comme dans celle d'Hésiode, le Chaos précède la génération d'Éros. Ce trait mythologique repose sur une expérience extatique. Dans toute transition extatique de la dépossession implosive ou dissolvante vers l'accomplissement (que nous n'avons pas encore abordée), un chaos de tous les sentiments jaillit des profondeurs de l'âme. Ce qui dans le simple sentiment se dissocie en oppositions extrêmes comme plaisir et déplaisir, joie et douleur, attente et souvenir, espoir et crainte, amour et colère, triomphe et angoisse, douceur et amertume, se trouve noué ici dans une unité inextricable. « Dans la joie suprême retentit un cri d'horreur.. » (Nietzsche). Celui qui n'a jamais vécu quelque chose de semblable peut se rapporter aux sentiments transitoires dits « mitigés », comme la douceur de la nostalgie, l'effroi joyeux des frissons sublimes, l'ardeur douloureuse de la mélancolie enivrante. Ou qu'il se souvienne de la strophe révélatrice de Goethe :

> Ne cherche ton salut dans l'engourdissement,
> La part meilleure échue à l'homme est un frisson ;
> Tant que le *sentiment* peut s'enrichir du monde,
> *Profondément* saisi, l'homme éprouve l'Immense.

Mais c'est le chaos du monde souterrain de l'âme qui confère à l'ivresse extatique son trait orgiastique. (D'où, dans la nuit illuminée par le feu des flambeaux, au son d'airain des timbales et à « l'unisson » des flûtes phrygiennes « entraînant dans le délire », la danse furieuse et tourbillonnante des Ménades errantes[4] !) En lui, comme nous l'avons déjà indiqué, les pôles ne sont pas encore différenciés. Ce qui par rapport au monde est la naissance du cosmos, c'est-à-dire de l'univers formé, au milieu du chaos informe, est par rapport à l'âme le tressaillement de la lueur d'Éros-Phanès dans l'obscurité pleine du tourbillon dionysien, reliant les pôles désormais séparés dans la ronde d'enlacements toujours renouvelés.

Puisque nous nous sommes avancés aussi loin, mentionnons encore un des nos plus profonds résultats. – Dans l'hypothèse que le caractère sacré universel du nombre trois – trident de Poséidon, trident de la Pythie, trinité des royaumes divins, trinité chrétienne, les trois Nornes *etc.* – est l'expression symbolique d'un agencement trinitaire de la réalité, un penseur, à condition que l'Éros orphique lui-même fût vécu, cherchera également dans sa triple manifestation, dans le mythe théogonique, la trace d'une réalité vécue. L'ivresse cosmique en tant que degré supérieur de l'ivresse chaotique devrait par conséquent manifester trois formes particulières. Nous avons réussi, voici plusieurs décennies, à démontrer l'existence de ces trois formes fondamentales, à savoir la forme héroïque, la forme érotique, et la forme magique. – Nous verrons plus loin ce que signifie la forme médiane de cette trinité, la forme érotique. Dans la forme magique de l'ivresse domine la relation double, mais unitaire en son essence, au lointain du firmament nocturne et au royaume des morts. Ses époques de floraison historique sont la magie médique et le culte funèbre de l'Égypte ancienne ; son expression intellectuelle la plus puissante se trouve certainement dans l'astrologie chaldéenne. L'ivresse héroïco-tragique, qui s'appuie essentiellement sur la dépossession implosive et s'articule dans un revirement extrême de l'univers, a donné à toute une époque tardive de l'humanité pélasgienne le nom d'âge héroïque et créé chez les quatre peuples héroïques que nous connaissons la forme poétique de l'épopée. Son critère distinctif le plus visible réside dans le fait que la mort du moi doit obligatoirement passer par la mort (physique) au combat, et sa manifestation la plus grandiose parmi les peuples se trouve chez les Germains où l'ivresse héroïque seule avait absorbé complètement les deux autres formes d'ivresse. Le guerrier destiné à mourir au combat (*Einherier*) vit la mort comme un baiser de la Valkyrie et se réveille après l'obscurité et l'ivresse de la douleur dans le royaume des morts de Walhalla.

Nous tournant de nouveau vers l'ivresse érotique, nous essayerons de mettre en évidence la polarité particulière par laquelle elle se distingue aussi bien du chaos prénatal de l'âme que de ses sœurs, l'ivresse héroïque et l'ivresse magique. Les mots que nous préférons délibérément, à savoir : ivresse, ébriété (*Trunkenheit*), volupté, béatitude, ravissement, n'indiquent d'aucune manière, comme on le voit, si ces états peuvent impliquer plusieurs personnes. Nous devons donc apporter ici ce supplément : non seulement l'ivresse solitaire, l'ébriété solitaire, la béatitude solitaire *existent*, mais l'extase est originellement toujours la solitude la plus accomplie, puisqu'elle est une plénitude complète, qui – au delà de toute scission dualiste – porte en elle-même le pôle complémentaire. Le *gamos* de l'ivresse érotique lui aussi est un *gamos* intérieur ou l'autofécondation d'un être qui s'élargit au monde et qui, partant, engendre *et* reçoit. Dans le langage du mythe, il comprend l'œuf ensemencé et l'éclosion du dieu ou : enlacement, grossesse et naissance. Toute extase en soi porte ainsi des traits non seulement pathiques mais *idio*pathiques. Le fait que souvent le porteur de l'ivresse ne trouve l'accomplissement qu'à l'occasion de bruyantes réjouissances populaires ou de fêtes nocturnes ne change rien à cette donnée.

Les bacchantes, qui peuvent le plus aisément nous servir de modèle, étaient des êtres enthousiastes* idiopathiques. Ils commençaient leurs conjurations du dieu en groupe, mais plus le démon s'emparait d'eux, plus ils se dispersaient, se disséminaient, jusqu'à ce que maint d'entre eux s'effondrât dans la broussaille sauvage des monts, fondu enfin dans le courant « hiéromaniaque » ! Le même constat s'applique aux Hiérodules de la Ma syrienne, à la Cybèle phrygienne, l'Astoret phénicienne, la Beltis et la Mélitte babylonienne, la Hécate des Cariens, la Kali indienne, et la Pachet égyptienne ; mais également aux phénomènes similaires dans la sphère culturelle de l'Islam, comme la danse des derviches et les fustigations sanglantes par lesquelles les sectes des Aisawa et le cheik Ruffi honoraient le souvenir de leurs saints ; et, enfin, il s'applique à tous les rituels extatiques que parfois nous pouvons observer encore chez des peuples « naturels » comme les Lapons, les Samoyèdes, les Toungouzes, les Burètes, les Cotchins, les Indiens d'Amérique et chez de nombreuses tribus de Malaisie. – Mais de vrais poètes – sans exception des épigones et des « disciples tardifs du dieu Dionysos » – sont également, en tant que poètes, tous des idiopathes, indépendamment du fait que certains ont même besoin, pour atteindre

* Le mot *Schwärmer* vient de *Schwarm/schwärmen* : « essaim/essaimer » (en parlant surtout d'abeilles). Il fut appliqué aux agissements des sectes religieuses à l'époque de la Réforme, d'où le sens « enthousiaste/s'enthousiasmer », ou, plus négatif, celui d'« exalté ». Le mot exprime donc à la fois l'« enthousiasme » et le mouvement (ici des bacchantes) comparable à un essaim, c'est-à-dire, un mouvement exalté, débordant, ivre. Le latin connaissait par ailleurs le verbe *bacchari* pour décrire les agissements des bacchantes, qu'Estienne traduit, entre autres, par « courir folement ». (N.d.T.)

l'« inspiration », de l'état amoureux ! Ce n'est pas l'état amoureux qui est poète, comme on l'a cru par erreur, mais – à l'occasion, tout au plus, de l'état amoureux, à condition que l'amoureux soit un poète – l'éros cosmogonique qui s'est logé chez ce dernier. Les deux poètes du dix-neuvième siècle les plus touchés par la grâce dionysienne, Lenau et Conrad Ferdinand Meyer, menaient une vie complètement recluse, l'un enseveli sous les livres, l'autre plongé dans la fumée de tabac et les sons de violon ; et Keller, moins profond, mais supérieur du point de vue artistique, ne le leur cède en rien à cet égard.

Nous devons donc distinguer rigoureusement la substance de l'ivresse des conditions de sa manifestation. Celles-ci peuvent consister dans la réunion d'une foule, en vue tantôt d'une sociabilité festive, tantôt d'une cérémonie cultuelle, tandis que celle-là relève, nonobstant, toujours de la catégorie des auto-ivresses. En vertu de sa nature d'onde vitale débordante, toute ivresse a en effet le don de se transmettre sur son voisin et sur son spectateur. Dans une foule excitée de manière orgiastique se répand un élément animique contagieux qui parvient à pénétrer et finalement bouleverser même un observateur plus détaché. Celui qui est ainsi saisi se trouve à l'évidence dans un milieu qu'il partage avec tous les autres ; mais il ne partage pas pour autant *ce qui* le remue, écrase, ravit, avec les émois des autres ! « On n'en est enthousiaste que seul ». Même si nous avons reconnu ainsi un état idiopathique dans l'ivresse de l'âme parcourue d'ondes cosmiques, nous trouverions cependant difficilement le chemin qui mène vers l'originalité de l'éros en nous arrêtant à ce degré de l'action de l'ivresse. Nous devons franchir une étape supplémentaire de l'ivresse afin d'examiner ce qui transforme « l'ivresse en général » en l'éros qui *s'auto-accomplit*.

La fleur n'est pas seulement la pointe supérieure de ce dont la racine est la pointe inférieure ; mais la racine se prolonge dans la fleur, et la fleur se prolonge dans la racine : dans celle-là se cache, seulement métamorphosée, la racine, et dans celle-ci, non moindre, mais pas encore éclose – la fleur ! Mais pour que nous puissions en prendre connaissance, la racine doit émettre le tronc et la fleur doit s'ouvrir dans la cime. De la même manière, pensons-nous, le chaos de l'âme émet le triple tronc des ivresses cosmiques ; mais seul le tronc médian porte enfin la fleur de l'éros. Cela aussi peut à la limite s'expliquer encore par la distinction entre l'ivresse érotique et l'ivresse chaotique. Dans le chaos, horreur et félicité sont inextricablement nouées ; dans le cosmos, celle-ci se dresse dans celle-là, en alliée ou en antagoniste, comme l'astre étincelant dans la mer des ténèbres ; dans l'éros accompli, l'ivresse est ceinte de la couronne rayonnante (= couronne de l'initié) qui plonge la splendeur transfigurée jusque dans le gouffre de la nuit (= flèche d'Éros[5]). Spontanément, nous avons eu recours au langage symbolique, puisqu'il est vain de décrire des expériences extatiques dans le langage conceptuel, où les noms les plus expressifs désignent au mieux – des sentiments. Mais pour nous représenter la fleur de l'ivresse, nous disposons heureusement d'un autre moyen, dont nous ne devons plus craindre qu'il soit exposé aux malentendus dus à l'insuffisance des notions d'amour.

L'ivresse qui s'accomplit érotiquement n'est jamais idiopathique, mais exclusivement *sympathétique* ; et chaque ivresse participe à la spécificité de l'ivresse érotique dans l'exacte mesure où elle est d'ordre sympathétique. Qu'est-ce que nous devons entendre par une émotion sympathétique ? Ceci : que de l'excitation d'un être fasse partie le fait qu'elle soit *partagée* avec l'excitation d'au moins un autre être. Deux personnes seraient par exemple excitées de manière sympathétique lorsque non seulement ils s'indigneraient pour la même raison, mais qu'en même temps ils se sauraient liés entre eux par le fait qu'ils partagent leur indignation, et le pathos de leur indignation serait justement nourri de cette conscience. Il n'existe peut-être pas de sentiment humain qui ne puisse à l'occasion entrer dans une relation sympathétique, et notamment les sentiments de défense et d'agression n'excluent pas nécessairement le pathos sympathétique ; ainsi les participants d'une guerre de libération nationale peuvent-ils être liés entre eux par le sentiment impétueux et sublime d'une communauté profonde dans leur colère enflammée. Mais même si ce sentiment s'élevait jusqu'aux hauteurs de l'ivresse, il resterait néanmoins, comme personne ne le niera, complètement différent de l'orgiasme des bacchantes.

Le pathos de la colère, négatif selon sa nature, *peut* être une réaction de l'amour ardent de la vie face au sacrilège envers celle-ci. Mais si nous incluions la pulsion négatrice dans la source des sentiments, leur caractère sympathétique s'annulerait du même coup. Car si la pulsion qui me domine se dirige contre la vie, elle vise en même temps les sentiments élevés d'autres personnes et, partant, ne se trouve plus enrichie par la conscience d'être partagée avec d'autres. Puisque la jalousie dirigée contre la vie regarde d'un mauvais œil l'enthousiasme d'autrui, elle exclut immanquablement même ses frères d'humeur du pathos de l'enthousiasme partagé. C'est pourquoi l'éros privilégie l'émotion affirmatrice et tend son flambeau le plus lumineux sur le penchant amoureux réciproque.

Ici nous n'omettrons pas une observation importante, à savoir qu'une des différences profondes entre les peuples et les races repose sur leur mode d'accomplissement de la vie animique, selon que celui-ci porte plutôt des traits idiopathiques ou plutôt des traits sympathétiques. Si l'homme adulte est de temps en temps saisi par la nostalgie mystérieuse de son enfance, c'est que le souvenir obscur de la profondeur et de la plénitude des frissons vitaux éprouvés dans sa première jeunesse tressaille alors en lui, mais associé maintenant à la conscience de leur caractère irrémédiable. C'est la clarté mystique d'une félicité *idio*pathique sans trouble qui distingue l'ivresse de l'âme adolescente des cimes chargées de sentiment dans l'âge avancé. Ce ciel d'été qui dans sa solitude auto-suffisante s'ignore lui-même, sans que le moindre nuage l'obscurcisse par le pressentiment des souffrances liées à l'attirance pour l'autre, – partout dans le monde il ne se tend que sur le jardin enchanté de l'enfance. Le bonheur enfantin ne manque pas de volupté, il manque seulement de volupté sympathétique ; mais il n'en éprouve nullement le besoin. Quand deux enfants jouent ensemble, note Jean Paul dans *Levana*, « deux fantaisies jouent comme deux flammes l'une à côté de l'autre et l'une dans l'autre, *sans se nouer* ». Les rites de puberté, attestés chez tous les peuples « naturels » et dont l'Église a emprunté le rituel de la confirmation, sont une expression cultuelle parmi d'autres de la transition de l'âge idiopathique vers l'âge sympathétique de la vie.

Mais non seulement les différents âges dans la vie de l'homme, aussi les peuples et les races connaissent de telles différences. L'opposition entre les peuples non historiques comme les habitants primitifs de la Nouvelle-Zélande, de Samoa, de Tikopia, les Eskimos, les Tschutschis, les Aleutes, et les habitants de la Terre de Feu, d'une part, et les peuples historiques qui, comme les Chinois, les Égyptiens, les Grecs, les Romains et les Germains, développaient *par eux-mêmes* une culture, d'autre part, est habituellement expliquée par la différence des dons intellectuels. Or, ce n'est pas l'esprit qui a créé les cultes solennels, les temples et les rites des cultures primitives, étant donné que tout cela dépérit sous son action au même titre que « l'état de nature » ; et supposons même qu'il en fût ainsi : cela ne nous apprendrait rien sur la mutation de la vie qui avait rendu possible une telle évolution. Tous les primitifs sont ou étaient habitués au sacrifice humain, et la plupart d'entre eux même à la consommation cultuelle des parties du corps de la victime que l'on considérait comme particulièrement animées. L'indifférence extraordinaire de leurs rites, approuvés et même sacrés, à l'égard de la *valeur* de la vie humaine ne doit *pas seulement* être déduite de la plus grande faiblesse de leur moi et se laisse encore moins expliquer par l'opinion prétentieuse que l'on se fait de la cruauté primitive, car non seulement le développement proprement sublime de leur sens artistique s'y oppose – les « fourchettes cannibales » destinées à la consommation de la chair humaine sont ornées de la plus belle manière ! –, mais encore leur cordialité et leur fort sentiment de solidarité humaine y contredisent et enlèvent au mot de Seume sur les Hurons tout vernis romantique, du moment qu'on lui confronte le caractère « diabolique » de la « civilisation ». – Lorsque nous apprenons que certains Dajaks, à Bornéo, afin de protéger la maison du conseil contre des tremblements de terre ou des incendies, amenaient une esclave vivante dans le fossé du pilier central pour l'abattre par la chute de la poutre, l'hypothèse de la cruauté primitive paraît à première vue justifiée, bien que le fait que les meilleurs connaisseurs caractérisent la même tribu par son amour de la vérité, son honnêteté, sa générosité et l'absence (autrefois du moins) de tout vol, semble de nouveau la contredire[6]. Mais si l'on se souvient que l'emmurement d'hommes vivants et surtout d'enfants avait été pratiqué jusqu'aux époques de haute culture entre autres chez les Indiens, les Serbes, les Scandinaves et – les Allemands, l'hypothèse de la cruauté de l'âme devient caduque. Étant donné que nous trouvons des usages tout aussi horribles en grand nombre chez tous les « sauvages » (comme l'abandon d'enfants trop nombreux, le meurtre de vieillards grabataires, la vengeance sanglante et implacable, le sacrifice des esclaves préférés à la mort du chef, les « chasses de têtes » *etc.*), tandis que la vie de la tribu se déroule sous le signe d'un respect extrême pour la paix, la justice et le dévouement étonnant de l'individu, nous sommes amenés à supposer qu'il s'agit d'une différence de la sensibilité, qui finalement doit être conçue comme une différence de dimensions. L'idée populaire selon laquelle de telles mœurs seraient des produits de la « superstition » tourne en rond, puisque les coutumes et les symboles sont plus vieux que leurs interprétations mythiques, pour ne pas parler du fait que même la prétendue superstition renvoie à une manière de vivre et non l'inverse.

Or, la naissance de la culture coïncide partout, selon nous, avec le passage au degré sympathétique de la sensibilité, que seule une élite de peuples a su atteindre. De tous les sentiments que la langue peut désigner avec suffisamment de clarté, il en manque difficilement un seul aux primitifs ; ils ne manquent surtout pas de ceux de l'amitié et de la confiance sans lesquelles – du moins parmi des êtres humains – la relation symbiotique (qui plus encore que les cultures de l'Antiquité caractérise les associations quasi naturelles) serait dépourvue de toute consistance ; mais ces sentiments attestent tous une nuance considérablement différente par rapport aux humeurs qui *nous* sont familières. Ils sont comme peints sur une couleur de fond opposée à la couleur de fond que *nous* utilisons pour les mêmes sentiments. Elle s'accuse toujours davantage et finit par absorber toutes les couleurs singulières dans les états souvent solennels de l'ivresse qui, avec toute leur sauvagerie irrésistible, manquent complètement de la douceur de l'éros. Celui qui jamais s'est abandonné sans préjugés à l'impression que dégagent les chants de triomphe des chasseurs de tête malais, ou les chants de guerre et les chants mortuaires des tribus indiennes en voie de disparition, ou encore une musique de nègres authentiquement primitive : s'il compare avec cela les mélodies populaires russes, finnoises ou suédoises, il comprendra sans autre explication qu'il nous semble entendre dans ceux-là les sons incompréhensibles de l'âme même de la planète, indissociablement un et en consonance avec les voix et les figures de la croissance soit de l'Arctique, soit des Tropiques ; dans celles-ci, en revanche, les révélations de l'âme humaine certes encore élémentaire, couronnant le déclin inévitable de toutes les images du frisson nostalgique de l'amour. Là un rythme quasi démonique, souvent des séries chromatiques et des mesures anapestiques qui enlacent l'auditeur dans des tourbillons toujours plus délirants ; ici le mélos adoucissant, l'harmonie en mineur et cette volupté dans la douleur proche des larmes, comme nous les révèle déjà le seul *texte* de la lamentation profondément érotique d'une femme Maori :

> Dans l'obscurité roulent des nuages sombres
> Autour de la cime Pukehina
> Au-dessus du sentier où mon bien-aimé
> Pour toujours s'est perdu de ma vue !
>
> Reviens ô reviens une seule fois encore !
> Afin que le fleuve de l'amour puisse couler
>
> De ces yeux fatigués par leurs larmes,
> Un tribut de l'amour vrai.
> Tes bras familiers me serraient,
> Moi l'indigne, contre ton sein, jadis,
> Depuis, mon cœur battant t'a enlacé
> De ses lianes les plus fortes[7].

Seule la forme sympathétique de l'émotion semble pouvoir faire l'objet d'une poésie, ce que rappellent encore de nos jours le sens supérieur du mot fané « lyrisme » et l'incorruptible mot « lied » ; et si, comme dans le chant que nous venons de citer, la fleur de l'éros se trouve souvent déjà près de la racine, c'est à plus forte raison la capacité d'ivresse pré-érotique qui, à côté de la capacité d'ivresse érotique, perdure dans le temps, attendant les occasions qui la feront de nouveau jaillir avec violence, et c'est seulement progressivement que l'ivresse érotique la dépasse par les expressions artistiques. –

Dans l'expression du sentiment idiopathique, nous classons la monotonie et la monophonie qui dominent non seulement le caractère de la musique des primitifs, mais encore celle de l'Antiquité ; dans l'expression du sentiment sympathétique, nous classons par conséquent la polyphonie. Le fait que la polyphonie devînt dominante après les grandes invasions nous permet de conclure au caractère essentiellement sympathétique des peuples nordiques, auxquels l'humanité doit le cadeau fatal de l'amour exalté des âmes (ambigu et fatal comme l'autre don : car la polyphonie dégénérait par l'irruption de l'esprit calculateur en virtuosité d'harmonisation, capable de *tout* digérer ; l'amour des âmes, séduit par la phraséologie chrétienne, se dégradait, quant à lui, d'abord en passion exclusive, dont nous reparlerons, et enfin en ce fantôme éroticide de l'« amour » *universel* du « genre humain » !) Tandis que le chant populaire préfère les modes doux, la prédilection des Germains aurait tendu, selon des recherches récentes, vers le majeur. Nous voudrons observer à ce propos ceci : le majeur, dans sa pureté, exige comme nul autre mode une deuxième voix, qui par rapport à lui est d'un caractère plus doux ; par conséquent, ce n'est pas le chant en majeur qui est le critère distinctif dans la nature de l'Allemand, mais le chant en majeur *à deux voix*, c'est-à-dire, la profondeur d'une intériorité sympathétique que les peuples méridionaux ignoraient encore.

Les maisons longues et les communautés viriles des « peuples naturels » préfigurent nettement l'idée que l'Église avait ultérieurement mise au service de l'abstinence, à savoir de ne réunir, comme dans les cloîtres, que des personnes du même sexe. Ce fait doit encore une fois nous mettre en garde contre l'erreur d'identifier l'éros à la différence des sexes et au penchant amoureux que celle-ci engendre. Bien trop souvent, éros et sexus se trouvent dans un rapport d'irritation réciproque, de sorte que depuis toujours une des tâches vitales les plus difficiles – et jamais encore résolue – de l'humanité a été de trouver un équilibre entre les deux. La tentative de tremper la pulsion d'union charnelle dans l'essence érotique se concluait souvent par la fin tragique des amants ; la tentative opposée, en revanche, celle de découpler les deux, menait et mène encore à l'empoisonnement et à la mort de l'éros. Nous y reviendrons plus loin ; soulignons ici que le frisson sympathétique est souvent plus profond entre deux êtres du même sexe qu'entre deux êtres de sexe opposé. Son symbole éternel est le couple des Dioscures, et ce n'est peut-être pas uniquement l'amour des amants qui en a célébré les fêtes les plus sublimes, mais au moins tout aussi souvent l'amitié ! (Ou serait-ce pourtant l'amour, et ses fêtes d'une félicité encore plus frémissante ? Peut-être. Mais celles-ci sont alors toujours suivies de cette véhémente douleur tragique qui comme une lueur de sang enflammée se tend, attirante et effrayante en même temps, sur le champ de bataille de l'humanité, rejouant toujours le drame de Shakespeare qui se termine par ces paroles : « Car jamais il n'y eut de plus triste destin / Que celui de Juliette et de son Roméo. ») C'est dans cette perspective que nous apparaît la fidélité entre hommes, la *Mannentreue*, chez les Germains ; mais aussi « l'amour viril » originel chez les Grecs, qui a peu à voir avec l'« homosexualité » de nos jours et que seulement son amalgame malsain avec le penchant d'union hétérosexuelle avait fait dégénérer en l'insipide « amour des garçons ». Qui n'a pas été enthousiasmé, dans sa jeunesse, par l'histoire de Damon et de Phintias, ou par la relation entre Hagen et Volker, ou encore par le conte des deux frères, connu dans le monde entier ! Qui méconnaîtra, par ailleurs, que dans le conte, de manière générale, le lien érotique enveloppe tous les êtres d'une tendresse maternelle, hommes, animaux, plantes, pierres, et particulièrement tous les outils. Souvenons-nous, par exemple, de l'amitié touchante entre le chien et l'épervier et de la vengeance terrible que le moineau fait subir au cocher, parce que celui-ci avait écrasé son « frère le chien » ! L'éros de l'Occident se place sous le signe de la « fraternité de sang » dont la « cohorte sacrée » de Thèbes est un autre exemple illustre dans l'histoire universelle. Il créa la poésie des guildes et des ateliers, des lansquenets et des Itinérants, et il agit encore, amoindri certes, dans les fédérations estudiantines et leurs us de fraternisation ; jusqu'à la génération dernière, leurs banquets riches en chants ont suffisamment conservé de cet éros pour que maint philistin songe encore avec nostalgie à la vieille « magnificence des ligues ». Il nous faudrait remplir des pages et des pages si nous voulions retrouver toutes ses traces dans les cristallisations d'une humanité non encore asservie sous la loi contraignante de la famille et de sa prétention de pouvoir seule assurer le bonheur. Nous en restons donc là afin de nous tourner vers la cime médiane de l'ivresse, qui seule mérite le nom d'éros cosmogonique.

Jusqu'à présent nous avons parlé de sentiments sympathétiques, mais point encore de leur passage à la volupté de l'ivresse. Mais si celle-ci aussi est censée être doublée par division, son essence ne pourrait jamais reposer sur l'union physique, fût-elle exceptionnellement liée à elle.

Aristophane, dans le *Banquet* de Platon, fait dire aux amants que leur souhait le plus ardent était de « de ne plus être deux, mais un seul être ». Dans quelque mesure que l'union physique réalisât du moins en apparence un tel souhait, – il est certain qu'elle *déchirerait* le lien de l'éros ! Car ce avec quoi je m'unis n'existe plus pour moi ; *sa* réalité et *ma* réalité ont conflué en *une seule* réalité, dans laquelle celui qui aime et celui qui est aimé ne se distinguent plus. Si la consonance consiste justement dans le fait qu'à l'émotion propre participe en l'intensifiant l'émotion de l'autre, elle s'évanouit si l'« autre » s'éteint pour moi dans la réalité informe de l'union voluptueuse. – Le nœud érotique *n'est pas* une fusion : il lie les pôles sans les annuler.

C'est justement parce qu'il savait cela que Platon, en grand éroticien qu'il fut incontestablement, combattit les plaisirs en opposant l'éros à la volupté issue de la satisfaction de simples désirs. Le caractère duel de l'enthousiasme était le pont sur lequel il attirait l'éros cosmogonique pour le conduire vers la « patrie supra-céleste » de l'éros « uranien ». Non l'amant désirant, mais l'amant donnant devenait ainsi le modèle de toutes les figures de « sauveurs ». Car le « sauveur » et le « messie » ont en effet ceci en commun avec l'amant créateur qu'ils ne veulent pas posséder le corps de celui qu'ils aiment, mais le « transfigurer », fût-ce au prix de l'oppression bien pire de la vie sous le joug du logos parasitaire. – Or, ce qui dans l'art platonicien du contournement était pour l'essentiel une falsification dialectique, provient dans les invectives du fanatique Paul déjà de cette malice bornée qui nous dévoile la source venimeuse de toute ascèse. En voici quelques exemples :

« Mais dans mes membres je vois une autre loi, qui lutte contre la loi de ma pensée et qui m'emprisonne dans la loi du péché qui est dans mes membres. »

« C'est pourquoi Dieu les a abandonnés aux passions honteuses : leurs femmes ont perverti l'exercice naturel en un exercice contre-nature, comme les hommes ont abandonné les rapports naturels avec la femme et se sont retrouvés dans des désirs sauvages, homme contre homme, dans des actes impudiques. »

« Il est bon, pour l'homme, de ne pas toucher à la femme. Mais que pour *les actes de lubricité* chaque homme ait sa femme et chaque femme son homme. »

« Mais aux couples mariés j'ordonne, ou plutôt non moi, mais le Seigneur : que la femme ne se sépare pas de son mari.., de même le mari ne doit pas renvoyer sa femme. »

Et il révèle sans pudeur sa véritable intention :

« Ce qui aux yeux du monde est stupide, Dieu l'a choisi pour faire honte aux sages ; et ce qui aux yeux du monde est faible, Dieu l'a choisi pour faire honte aux forts ; et ce qui aux yeux du monde est ignoble et méprisé, Dieu l'a choisi ; ce qui n'est rien, *pour détruire ce qui est quelque chose* : pour que devant Dieu à toute chair la gloire soit enlevée. »

Aucun commentaire du sacrement du mariage et de la profanation de l'éros, de l'amour chrétien et de l'amour païen, ne pourra surpasser l'impression que laissent de telles phrases, qui pourraient être complétées par des centaines de phrases similaires. Nous comprenons ainsi : celui qui condamne aussi l'éros parce que, pour quelque raison que ce soit, il se sent obligé de rejeter la sexualité, trahit par cela qu'il ignore tout de l'éros et qu'il ne connaît que la volupté en tant qu'un chatouillement dépourvu d'ivresse. L'hostilité à l'égard du monde d'un côté, et le sexus sauvage et avide d'accouplement de l'autre représentent ainsi deux faces de la même médaille, et l'ascèse militante n'a jamais été autre chose qu'une lubricité tournée en son contraire ! C'est la « volonté de puissance » vorace d'une sexualité désérotisée qui lutte à la fois pour l'ascèse et pour le sacrement du mariage, comme par ailleurs encore toute société fondée sur la monogamie légale a provoqué simultanément l'éclosion la plus profuse de la prostitution vénale ! « Le christianisme a donné du poison à boire à l'Éros : – il n'en est pas mort, mais il a dégénéré en vice » (Nietzsche). Si pour les Anciens la pierre phallique était le *symbole* de l'Éros cosmogonique, pour nous, la sexualité peut être un *signe* essentiel de l'intégrité aussi bien que de la mutilation de la vie. Haine du monde, obsession du péché et dévalorisation de l'instant, bref toute sorte d'hostilité à l'égard des plaisirs, sont alors le signe d'une humanité rendue esclave d'une pulsion sexuelle devenue délirante, puisque complètement détachée du courant unifiant de l'éros. Ainsi, « l'amour » entre les sexes se transforme en « haine mortelle » et en lutte entre les sexes partout où un être n'est que le moyen d'un autre dans la poursuite de buts égoïstes. Telle est la forme occidentale de la discorde que le principe de l'esprit a introduite entre les pôles de la vie. Considérons enfin le grand intérêt qu'avait la spiritualité du rut sexuel à confondre la volupté érotique avec la lubricité sans ivresse, et nous ne nous étonnerons plus que dans le langage courant les joies de l'acte d'accouplement ont pu repousser la notion de la volupté de l'âme. –

Mais comment est-ce que l'émotion érotique peut, lorsqu'elle devient une extase authentique, rester sympathétique ? Si l'homme en extase a non seulement abandonné son moi, mais les limites mêmes de son individualité, et s'il est alors lui-même devenu cette trinité dans laquelle s'intériorisent les pôles du monde, comment y aurait-il encore de la place dans son ivresse pour l'ivresse d'un autre ? Cela semble impossible, et s'il devenait pourtant réalité, ce serait alors le mystère le plus profond de l'âme. Nous ne lèverons pas le voile, tout au plus allons-nous avancer jusqu'au seuil ; mais il nous faut terminer d'abord l'exposé des conséquences qui découlent de la nature duelle de l'ivresse érotique.

Nous avions exprimé la supposition que l'union sexuelle puisse comporter la fusion passagère des âmes des amants, faisant sombrer la dualité dans l'obscurité de l'ivresse. Mais si, à titre d'essai, nous faisions l'hypothèse que la volupté d'union elle aussi puisse être vécue de manière sympathétique, celle-ci restera toujours, pour autant, l'expérience *d'un* des acteurs seulement, sans garantie que ce soit la même pour l'autre. Sans aucun doute ce que l'un ressent comme un don d'amour peut être ressenti par l'autre comme la simple satisfaction d'une pulsion possessive. Mais à ce moment-là, la condition qui était à nos yeux le critère distinctif de l'éros ne serait plus remplie : à savoir la réciprocité polaire de l'émotion. Un autre problème s'y ajoute. Même si la volupté fusionnelle provient d'un débordement généreux et d'un amour dévoué, elle entraîne néanmoins dans le tourbillon dissolvant d'une obscurité sans visage où la dualité ne semble plus exister. Mais après *cette* obscurité-*là*, il n'y a pas de réveil qui ne rompe pas le charme ! « Revenu à soi », chacun des deux amants se retrouve celui qu'il avait été avant, l'individu singulier, sans salut dans un monde qui, tout comme l'amant lui-même, reste éternellement à l'extérieur ! Sans vouloir décider si et dans quelle mesure un tel brasier des corps peut occasionnellement, chez des natures fortes, être la *condition* de l'ouverture de l'âme à l'influx de puissances cosmiques, comme la bûche dont se nourrit la flamme mystique de la vie –, l'union sexuelle *en elle-même* n'est *pas* cette flamme, elle ne mène pas au dehors de l'individu et ne confère pas la « couronne de la vie » aux amants. Comparée au sacre de l'éros cosmogonique, la pulsion d'union charnelle est un adiaphoron, et la volupté de la satisfaction une solution qui reste dans les limites du bonheur animal. Ce qui en distingue le frisson érotique, c'est le fait qu'au moment de l'accomplissement suprême, il reste un *éros du lointain* et que dans l'ivresse l'un est à l'autre un autre avec lequel il ne se confond jamais, comme l'œil de l'univers qui le regarde dans la nuit pourpre. S'abandonner à celui-là ne signifie pas : le désirer ; embrasser celui-là ne signifie pas : se fondre à lui ; et sombrer en lui signifie : s'éveiller ! La solution de ce que l'on appelle l'énigme du monde est l'intériorisation extatique du mystère du monde. Pourquoi les questions du Sphinx sont-elles fatales à l'homme – pourquoi la Gorgone pétrifie-t-elle ceux qui la regardent – pourquoi est-il néfaste de lever le voile d'Isis ? Mieux que ne saurait le faire une réponse sobre, l'immémoriale question même du destin est le symbole qui nous révèle que seulement *quelque chose d'éternellement éloigné* peut dispenser une félicité extatique[8].

D'une certaine manière, nous venons d'énoncer la parole magique qui déteindra sur tout ce que nous dirons par la suite. Or, puisque pour beaucoup de lecteurs elle ressemble à une rune que l'on ne peut traduire par un signe connu, nous essayerons de nous approcher de sa signification secrète à l'aide de quelques exemples. De cette façon, même si un lecteur en retient sans doute plus qu'un autre, chacun pourra s'avancer jusqu'aux *limites* de sa propre expérience vécue. – Peut-être le mot immédiatement convaincant de Stendhal selon lequel la beauté artistique parfaite est une « promesse de bonheur » veut-il vraiment dire dans l'esprit de son auteur ce que Nietzsche lui prête afin d'étayer sa propre conception de l'art, dont la finalité serait de persuader celui qui le contemple d'affirmer *la vie* à tout prix. Néanmoins, cette formule nous apprend encore autre chose, si nous prenons en considération le fait que la « promesse » que recèlent la douleur chantée, l'amour fait poème, la grâce devenue marbre, l'orage peint et la filiation stellaire que commémorent par exemple les pierres de la Porta Nigra, ne trouve son accomplissement en aucun lieu de l'existence diurne. Celui dont le cœur a jamais battu plus fort en contemplant les lointains de la mer ombreuse suscitée par le pinceau de Böcklin dans l'ivresse mélancolique du regard des Tritons, comment celui-là pourrait-il espérer voir expirer le frisson d'une nostalgie surhumaine dans une satisfaction qui y mettrait un terme ! Celui qui se promène le long de la Via Appia, fasciné et hanté par l'éclat lointain de millénaires irrémédiablement éteints, comment celui-là pourrait-il jamais s'imaginer que l'Insaisissable fût devenu son bien propre, s'il devait vivre à l'époque de la Rome impériale ! Celui que tourmente la douleur sans nom des steppes dans les chants perdus de la Volga, comment celui-là pourrait-il croire trouver l'endroit, dans ses pérégrinations, où ce cortège aurait atteint sa destination ! Ainsi donc, ce que la maxime de Stendhal exprime à propos d'une *expression* vitale et d'une médiation humaine vaut à plus forte raison pour le mystère vital en lui-même. De la proximité fait partie, en tant que son pôle opposé, le lointain, que l'on n'atteindra jamais. Tout regard qui s'ouvre sur l'immensité de l'espace fait naître une attirance et une promesse ; seulement, ce par quoi il est attiré, nous ne le trouverons jamais si nous nous mettons en route pour « parcourir les lointains » : l'horizon recule devant nous et nul voyageur encore n'a traversé les rougeurs du soir. – Après ces prolégomènes, nous pouvons faire part d'une expérience apparemment sans importance et que probablement tout un chacun a vécue à « l'âge de la poésie et des aspirations », même s'il l'a oubliée à l'âge de l'action.

Par une nuit d'été, dans les senteurs des lilas et sous des lueurs incertaines, le scintillement d'un regard humide l'avait frappé et le remplissait d'une promesse de bonheur indicible ; le sourire mystérieux et profond l'avait traversé et transformé ; le charme magnétique de la figure furtive l'entourait comme dans un enchantement : le ravissement l'emporta dans son courant dissolvant et la flamme de l'amour, comme élancée par le vent, se mêlait dans son jaillissement au mouvement giratoire du firmament. Mais malheur à lui si, peu avisé, il prit cet instant d'accomplissement seulement pour une promesse, qu'il confondit le charme du phénomène avec son support physique et que le signe mystique le mena par erreur vers une relation possessive ! Il ne connaîtra pas la réalisation de la promesse que la minute délimitée semblait garantir, et bien vite il trouvera au lieu de l'éclatante figure divine un être fini, limité et mesurable ! Ce que nos sens humains avaient pris pour une promesse était plutôt une gorgée bue dans la coupe de *l'éros du lointain*, qui nous transporte du monde tangible des choses vers la réalité des images, à jamais intangible !

> L'image est un leurre mystérieux
> Des lointains qui aiment donner à l'âme
> Du poison sous les plus plaisants appas.
> Ce qu'ils enlèvent devient beau, fût-ce
> Lieu d'horreur et de décomposition !
> Ils sont l'énigme innée de la vie –
> Peinte en l'univers par ses crépuscules,
> La question du vivant sur l'origine ;
> L'aura couronne de rais l'intangible
> Et s'éteint lorsque nous voulons l'étreindre.
> Car les lointains ne sont jamais au lieu
> Où nous sommes ; mais un désir secret
> Veut les approcher et les faire siens.

Le chapitre suivant apportera la métaphysique de ce phénomène. Mais ici nous ajoutons, en guise de réponse approbatrice à la parole vraie du poète, ceci : Celui qui poursuit l'image qui toujours échappe, ressemble à l'enfant qui essaie de s'emparer de l'arc-en-ciel et n'en retire, tout au plus, que des mains humides. Nous ne contestons pas le bonheur unique de la vie profonde de deux amants dévoués ; mais nous contestons qu'il soit possible de répéter le frisson bouleversant des premiers instants, et nous souscrivons à l'affirmation que les premiers instants seuls déverrouillent la porte du mystère du monde, et non les jouissances des intimités secrètes – aussi humainement chaleureuses qu'elles soient[9]. – Ce qu'on appelle le romantisme se plaçait comme aucune autre époque connue sous le signe de l'éros du lointain (tout comme le présent se place sous celui de la sexualité). Que l'on relise donc dans une strophe d'Eichendorff que la supposée promesse n'est que le sentiment humain qui accompagne l'accomplissement doux et douloureux :

> Les astres scintillent sur moi
> Avec leurs regards amoureux.
> Les lointains parlent dans l'ivresse
> Comme d'un grand bonheur futur. –

Subrepticement, nous avons ainsi déjà introduit la réponse à la troisième des questions qui guident notre analyse. La première était : qu'est-ce qui se libère dans l'extase ? Nous répondîmes : l'âme. La deuxième : de quoi est-ce qu'elle se libère ? De l'esprit. La troisième était : qu'est-ce que l'âme libérée *gagne* par cette libération ? Afin d'obtenir à cette question une réponse tout aussi nette, nous devons écarter d'abord la forme érotique de l'ivresse et déterminer en premier lieu quelles sont pour l'extase en elle-même les conséquences de la dépossession de l'âme. D'après ce que nous avons développé dernièrement, il nous faudra peu de mots pour montrer la spécificité des conséquences dans le cas de l'éros cosmogonique, dans la mesure où cela peut se faire à l'intérieur des limites que nous nous sommes imposées nous-mêmes. Étant donné que l'examen serait rendu plus difficile et moins transparent si nous nous tenions au cadre strict d'une simple description d'états, nous répondons d'avance à la troisième question dans le sens non plus de la définition de la *nature* de l'ivresse, mais de son essence.

V. DE L'ESSENCE DE L'EXTASE

Trois traits reviennent constamment dans l'expérience originelle des grands extatiques, aussi considérables que fussent leurs différences par ailleurs : le transport (réel ou imaginaire) de l'âme dans des régions lointaines sinon dans un « autre monde », – l'insensibilité envers les impressions de douleur, qui s'exprime par l'invulnérabilité, – et des révélations déterminantes à l'égard de la vie. Ce n'est que le troisième aspect qui sera dans un premier temps examiné ici, dans le but de répondre à la question sur la nature de cette expérience dont le degré de certitude dépasse de loin le pouvoir de conviction de toutes les vérités profanes. Si dans cette intention nous nous adressions aux rapports des initiés des ordres mystiques du monde entier et de toutes les époques, ou nous reviendrions les mains vides en raison du devoir de silence de ceux qui « savent » – ou nous nous perdrions dans la confusion de ces « visions » dont émane le mythe sacré (rencontrant tantôt des prodiges météorologiques comme des nuages de lumière, des colonnes de feu, des étoiles ; tantôt de multiples apparitions d'esprits, les satyres de Dionysos, des démons et des sorciers, des anges et des saints), – ou nous apprendrions un grand nombre de symboles qui sollicitent à plus forte raison une interprétation, comme la rose mystique, la couronne de lumière, le calice sacré, – ou nous connaîtrons des sentiments tout à fait physiques qui accompagnent celui dont l'extase s'est emparée, ce qui nous montrerait au moins que non seulement il *voit* quelque chose, mais qu'en même temps il le *sent* par l'ouïe, l'odorat, le toucher et le palais (la douceur du Dieu « goûté » joue un rôle de premier plan dans les mystères chrétiens : « Gustate et videte, quoniam suavis est Dominus ! ») – ou, enfin, nous serions renseignés sur les convictions religieuses qui *suite à* l'expérience vécue se sont fixées dans l'esprit de l'initié et qui, à la différence du motif récurrent de l'immortalité, se distinguent considérablement entre elles. La croyance en une « fiancée céleste » bénie de Dieu s'oppose ainsi radicalement à la reconnaissance de la sorcière qui concluait son pacte sacré en s'alliant au Diable ! De cette manière, nous courrions le risque de confondre l'expérience mystique avec une hallucination qui se nourrirait des représentations idéales propres aux cultes respectifs, et de prendre les initiés eux-mêmes pour des fous hystériques – ce que l'époque « moderne » n'a pas manqué de faire. Est-ce que pour cette raison nous devrions renoncer à rechercher la source de la vraie illumination ?

Pour comprendre des convictions religieuses, il faut connaître le mythe dont elles sont issues, pour comprendre le mythe, il faut connaître les symboles qui l'ont fait naître, mais pour comprendre les symboles, il faut saisir la spécificité de l'expérience vécue qui jamais ne peut être communiquée dans des jugements. On ne peut pas simplement *énoncer* ce qui fait la source authentique de cette expérience. Mais nous reconnaîtrons néanmoins quelques lueurs de ce qui nous rend peut-être capables de la trouver en nous-mêmes, si nous concentrons notre attention sur le point que les motivations des diverses certitudes que la logique est incapable d'ébranler ont en commun ; celles-ci, même si elles accompagnent depuis longtemps des jugements fondamentaux d'importance moindre (par exemple les axiomes des mathématiques), s'attachaient à l'origine exclusivement au savoir immédiatement *subi*. Nous rencontrerons alors, dans les ordres sacrés, un fait récurrent, à savoir que la certitude mystique est fondée sur l'expérience de l'« époptie » (εποπτεία), c'est-à-dire, la contemplation (*Schauung*) – la vision se rapporte à la manifestation du dieu (épiphanie, parousie) – et celle-ci se produit à l'occasion de la représentation symbolique de sa mort suivie de sa résurrection dans des « fiançailles sacrées ». Nous anticipons sur le résultat : l'initié, lui-même déifié, vit le sacre de l'accomplissement en épousant le dieu (communion, unio mystica, hiéros gamos), et il s'unit à lui en le voyant. En voici quelques exemples puisés dans l'Antiquité.

« Heureux celui qui parmi les hommes habitant la terre a vu (όπωπεν) cela », lit-on à la fin de l' hymne à Déméter. « Ô trois fois heureux celui qui descend dans l'Hadès après avoir vu (δερχθέντες) cela », chez Sophocle. » Heureux celui qui, après avoir vu ('ιδών) cela, va sous la terre creuse ; il connaît l'accomplissement de la vie, le début de la vie donnée par le dieu », chez Pindare. « Ceux qui participent aux cérémonies bachiques et corybantiques s'exaltent dans leur extase jusqu'à *voir* ce qu'ils attendaient », rapporte Philon dans son écrit *De la vie contemplative*. L'union mystique avec le dieu se trouve également attestée par une des tablettes dorées des Orphiques, mais est transposée ici dans la nouvelle vie au-delà la mort physique, conformément à l'espoir de félicités postmortelles : « O toi le plus heureux et le plus comblé, tu seras un *dieu* et non plus un homme digne de pitié ! » Sur une autre tablette, l'âme de l'initié exulte devant les dieux : « Je me vante *d'être de votre race bienheureuse* ! »

Les rites sont une codification, instituée par un fondateur humain, destinée à relier les nombreuses familles humaines en une communauté de vie et à préserver au rythme de l'univers le pouvoir de détendre de nouveau les alliances contraignantes dans lesquelles l'esprit veut aliéner de la vie ceux qu'il a déjà su lier. Mais l'expérience dont ils visent à faciliter le renouvellement, l'extase originelle, était le fondement de toutes les œuvres des hommes à l'époque pélasgienne ; nous en ramassons encore quelques bribes chez les peuples « naturels » en voie d'extinction, et elle porte encore de nos jours (ou du moins jusqu'à une date récente) la poésie et l'art authentiques ; c'est pour cette raison aussi que son vrai contenu ne peut être communiqué de manière purement discursive. L'expression « arts plastiques » (*bildende Kunst*), qui nous est familière au moins pour une partie des arts, nous rappelle que l'activité artistique se consacre à l'objectivation d'images, et elle induit à supposer que l'événement qui contraint l'esprit à l'effort plastique soit étroitement lié au surgissement d'images intérieures. Nous franchissons par conséquent un pas décisif dans l'éclaircissement de l'essence de l'extase en examinant en quoi *l'événement* de la vision d'images indicibles se distingue de l'acte de perception volontaire.

Je ne peux pas emporter avec moi un beau paysage ; mais je peux m'en faire une « représentation » dans la mesure où j'en ai gardé une image intérieure. Tandis que le paysage objectif reste ce qu'il est et où il est, son image se modifie en fonction des milliers de vies d'individus qui l'ont regardée, et ce de façon distincte selon l'individu, mais aussi selon le jour, les couleurs, les bruits et les mouvements du modèle spécifique. Si nous abstrayons de la représentation l'activité spirituelle du sujet, si donc nous prêtons à l'image l'autonomie d'une vision onirique, se présentant à celui qui la voit comme quelque chose de réel, et si enfin nous nous imaginons celle-ci moins comme provoquée par l'âme du récepteur que comme fondée dans le modèle lui-même, nous saisissons *le* mode de représentation des actes de l'univers qui dans la conscience nocturne de l'homme extatique et dans la conscience générale de l'homme originaire *dominait* le monde des faits.

Cela établi, nous pouvons formuler les oppositions suivantes : l'image n'a de présence qu'au moment d'être perçue ; l'objet est « saisi » une fois pour toutes. L'image coule au gré de l'expérience vécue ; l'objet demeure, dure, se dresse dans une indistinction hostile à la vie. L'image n'existe que dans le vécu de la personne ; l'objet existe dans n'importe quel acte de perception. Je peux me souvenir de l'image, mais je ne peux pas la rendre présente par le jugement ; à tout instant, je peux me référer par la réflexion à l'objet, puisqu'il est le même que par le passé, et, en communiquant mon jugement, en faire le point de référence pour tous ceux qui m'entendent. L'image, plongée dans le courant du temps, se métamorphose, comme toute chose, y compris l'âme ; l'objet, parce qu'il est en dehors du temps, est, mesuré à celui-ci, sujet à la destruction. L'image est accueillie par l'âme ; l'objet est constitué par le jugement de l'esprit en fonction de ce qu'il reçoit. L'image existe indépendamment de la conscience ; l'objet a été pensé et projeté dans le monde par la conscience et n'existe que pour une intériorité d'êtres personnels. – Donc : pour celui qui brise la forme de la personne dans l'extase, le monde des faits s'écroule au même moment et à sa place resurgit *le monde des images* dont la réalité puissante repousse tout le reste. De ce monde, l'âme voyante est le pôle intérieur, la réalité vue le pôle extérieur. Celle-là est maintenant liée à celle-ci (= *gamos* incessant), mais elle ne coïncide jamais avec elle (acte incessant de la vision). Du contact polaire entre intérieur et extérieur naît incessamment l'image, elle-même douée d'âme (génération incessante). L'extérieur engendre, l'intérieur reçoit, et de leur enlacement jaillit le courant enflammé et chanteur des images de l'univers, l'« étoile dansante » du chaos ordonné en cosmos. « L'extérieur est l'intérieur transposé dans un état de mystère » : l'aphorisme du Voyant Novalis énonce avec grâce et simplicité le sens de l'extase et le fond de toute certitude de la vision.

Nous ouvrons une parenthèse afin de mettre la vision des images originelles à l'abri du malentendu fatal qui la menace depuis l'interprétation des « idées » platoniciennes par Schopenhauer. En effet, il n'y a pas de moyen plus convaincant, pour démontrer le nihilisme de cette « doctrine des idées », que d'en examiner le reflet dans la pensée du philosophe allemand. – Par la pensée, enseigne-t-il, nous appréhendons des faits singuliers qui constitueront l'objet de recherches scientifiques. Dans la contemplation, en revanche, nous trouvons *dans* l'objet singulier son propre « archétype » impérissable. Les poètes et les artistes sont davantage que l'homme du commun disposés à adopter une attitude contemplative à l'égard de l'image du monde et, par conséquent, à avoir une vision immédiate de sa réalité archétypale. À cela s'ajoute chez Schopenhauer l'idée à forte coloration bouddhiste selon laquelle l'état pensant est, au sens large, toujours un état « intéressé ». Selon lui, l'intérêt à l'égard d'une chose repose, d'une manière générale, sur un penchant ou une aversion d'ordre entièrement personnel ; il peut s'identifier exceptionnellement à l'intérêt global du chercheur, mais il reste pour autant une sorte d'intérêt ou d'excitation de cette « volonté » inhérente à tous les phénomènes. L'état contemplatif se présente, au contraire, comme un affranchissement provisoire du caractère désirant de la volonté et la vision de l'archétype devient le modèle d'une « connaissance » à la fois supra-personnelle et supra-individuelle. Nous ne nous privons pas de citer quelques passages afin d'illustrer le caractère extrêmement séduisant de ces vues, avant d'en démontrer les erreurs.

« Aucun objet acquis par la volonté ne peut procurer une satisfaction durable et constante : il ressemble bien davantage à l'aumône que l'on jette au mendiant afin qu'il ait de quoi vivre aujourd'hui, mais qui ne fait que repousser sa peine sur le lendemain. C'est pourquoi, tant que notre conscience sera dominée par notre volonté, tant que nous nous abandonnons à l'impulsion des désirs, à leurs espoirs et leurs craintes permanents, tant que nous sommes sujets au Vouloir, nous ne connaîtrons jamais un bonheur durable ni la tranquillité.. Ainsi, le sujet du Vouloir est pour toujours attaché sur la roue tournante d'Ixion, puise sempiternellement dans le tonneau des Danaïdes et incarne pour toute éternité ce langoureux Tantale. – Mais lorsqu'une circonstance extérieure ou la disposition intérieure soudain nous soustrait au courant infini du Vouloir ; que la connaissance nous arrache à l'esclavage ; que l'attention n'est alors plus concentrée sur les motifs du vouloir, mais qu'elle conçoit les choses indépendamment de la volonté, donc sans être intéressée, sans subjectivité, de manière purement objective, se vouant totalement à elles pour autant que celles-ci ne sont que des représentations et non des motivations : alors, cette tranquillité, qui quand on la cherche par la voie de la volonté nous fuit toujours, est tout à coup survenue par elle-même, et nous jouissons d'un sentiment de parfait bien-être. C'est l'état indolore célébré par Épicure comme le bien suprême et comme l'état des dieux : car pendant ces instants nous sommes affranchis de la poussée si indigne de la volonté, nous fêtons le sabbat des travaux forcés, la roue d'Ixion s'est arrêtée. – Il s'agit justement de cet état que nous venons de décrire plus haut, requis pour appréhender l'idée en tant que contemplation pure, fusion de soi dans l'intuition, abandon à l'objet, oubli de toute individualité, signant la fin du mode de connaissance selon le principe de raison qui ne saisit que des relations ; en même temps, et de manière indissociable, l'objet singulier contemplé s'élève à l'idée de sa catégorie, et l'individu connaissant au sujet pur de la connaissance, affranchie de la volonté, et les deux ne se trouvent plus alors au milieu du courant du temps et de toutes les autres relations. Peu importe à ce moment si c'est depuis un cachot ou depuis un palais que l'on voit le soleil se coucher. » – Et plus loin : « Cette émancipation de la connaissance nous libère de tout cela comme le sommeil et le rêve : bonheur et malheur ont disparu : nous ne sommes plus l'individu, que nous avons oublié, mais rien que le sujet pur de la connaissance : nous ne sommes plus présents qu'en tant que l'œil unique du monde qui est dans tous les êtres connaissants, mais qui dans l'homme seul s'affranchit complètement du service de la volonté ; toute différence entre les individualités disparaît alors au point qu'il est indifférent si l'œil voyant appartient à un roi puissant ou à un mendiant affligé. »

Ne serait-on pas fondé, en lisant ces lignes, de croire qu'il s'agit là à peu près de ce que nous avons qualifié comme l'essence de l'extase, puisque nous avons supposé, nous aussi, que celle-ci nous rend capables de voir derrière le monde des choses la réalité du monde des images indépendantes du moi ? Puisque Schopenhauer lui aussi semble considérer dans le dépassement des frontières de l'individualité la condition préalable de toute vision et que, ce faisant, il déclare avec autant de détermination que nous la guerre à tout subjectivisme de la conception du monde. Ainsi paraît-il, en effet, mais l'apparence est trompeuse ! Nous ne pouvons pas nous priver de citer encore un passage, puisqu'il révèle de manière presque brutale que la pensée du philosophe est diamétralement opposée à la nôtre. Tâchant d'expliciter par quelques exemples ce qui constitue le contenu propre de ces « idées », il écrit en effet :

« Dans le passage des nuages, les figures qu'ils forment ne relèvent pas de leur essence, elles leur sont indifférentes : mais qu'en tant que vapeur élastique ils se trouvent ramassés, poussés, étendus et dispersés par les coups de vent : voilà leur nature, l'essence des forces qui s'objectivent en eux, voilà leur *idée* ; les figures éphémères, en revanche, n'existent qu'aux yeux du spectateur individuel. – Au ruisseau qui s'écoule en cascades sur des pierres, les tourbillons, les ondes, les formations d'écume qu'il produit sont indifférents et inessentiels ; qu'il suit la loi de la pesanteur, qu'il se comporte comme un liquide non-élastique, parfaitement déplaçable, informe et transparent : voilà son essence, voilà, *si elle est reconnue intuitivement*, son *idée* ; mais ces figures n'existent que dans notre perception individuelle. – Le givre qui se forme sur la vitre suit les lois de la cristallisation qui révèlent l'essence de la force naturelle et représentent son idée ; mais les fleurs et les arbres qui se produisent ainsi ne font pas partie de son essence et n'existent qu'à nos yeux. »

Ce passage nous montre avec une évidence presque effrayante que les *prétendues* images originelles ou idées auxquelles pense Schopenhauer, en parfait accord avec Platon, ne sont aucunement des images, mais *rien d'autre que des concepts* ! Ce qu'il désigne ici comme l'essence des nuages, l'essence du ruisseau, l'essence du givre, est simplement la notion de la qualité générale de la vapeur, de l'eau et de la congélation, qui, comme nul ne le méconnaîtra, constituent l'objet des « sciences naturelles », au point que ce n'est pas un hasard si dans ses descriptions le mot « loi » effleure sa plume. Il ne parle en effet de rien d'autre que de la constitution du monde selon des lois naturelles et se trouve dans l'erreur la plus grave lorsqu'il estime que de telles lois naturelles sont saisies par *l'intuition.* Essayons simplement de nous mettre intérieurement à la place de celui qui

« s'abandonne » à la contemplation des fleurs de givre sur la vitre, qui oublie soi-même et le reste du monde pour se fondre complètement dans l'image de ces fleurs glacées : comment pourrait-il penser en ce moment même aux lois de cristallisation et de congélation, comment pourrait-il, par surcroît, s'imaginer avoir la « vision » de ces lois en regardant ces fleurs qui éclosent – en silence, avec mystère et comme par magie – sur sa vitre hivernale ! Non, il se sentira aussi loin de toutes ces notions de cristallisation, de vaporisation et de congélation qu'il se sentira loin de sa propre personne ; il se sentira comme transporté par un rêve dans le monde magique de ces formations de glace pour participer à *l'intimité* de leur floraison et de leur croissance. Les « idées » de Schopenhauer, aussi bien que celles de Platon, ne sont pas des images réactives de l'âme intuitive, mais des produits de l'esprit et du jugement et ne se distinguent des concepts du sens commun comme de ceux des sciences que par leur prétention à être une réalité métaphysique. Mais cette prétention révèle l'intention véritable de la pensée platonicienne et schopenhauerienne, qui est dirigée *contre* la vision archétypale, car elle entreprend de substituer aux vraies images originelles des concepts hypostasiés et des lois naturelles érigées en absolu. Platon, en cela plus profond, était pour cette raison l'ennemi déclaré des arts ; Schopenhauer, en revanche, essaie, en homme moderne qu'il demeure, de camoufler l'opposition et laisse découler la connaissance intuitive – qu'il invente et qui, en réalité, n'est qu'une réédition de la connaissance rationnelle – d'un état de ravissement contemplatif. Ce faisant, il fausse la nature de l'extase et devrait par conséquent refuser les vraies expressions de celle-ci au même titre que Platon refuse l'art. Or, c'est justement ce qui se passe !

« Pour celui qui a bien compris cela et qui sait distinguer entre la volonté, l'idée et la manifestation de celle-ci, les phénomènes du monde n'auront de signification que dans la mesure où ils sont des lettres... qui permettent de déchiffrer l'idée, mais ils n'auront pas de signification en eux-mêmes. Il ne croira pas, comme les gens du commun, que le temps puisse produire quelque chose de vraiment nouveau ou de significatif, que par lui ou en lui quelque chose de vraiment réel puisse exister.. *C'est pourquoi il ne commandera pas avec Homère tout un Olympe pour la gestion de ces phénomènes du temps, ni ne prendra avec Ossian les figures des nuages pour des êtres individuels*, puisque, comme nous l'avons dit, par rapport à l'idée qui s'y manifeste, les deux attitudes n'ont pas d'importance. »

Nous voyons : le monde des dieux, comme tout monde dominé par des images poétiques qui se rapprochent du monde mythique, est sacrifié au profit du monde des concepts, et les lois naturelles parées du nom d'« idées » doivent se prêter à l'entreprise qui vise à priver *l'instant* de ses droits. – Si, au contraire, la vraie image originelle est, par la nature de l'expérience, *quelque chose d'unique qui n'a lieu qu'une seule fois*, elle nous amènera obligatoirement à une conception de la réalité qui ne se rattachera à l'idéalisme platonicien ni par pont ni par chemin intermédiaire.

Qu'il s'agisse d'hommes, de plantes, de la forêt ou du ciel étoilé, nous *parlons* de chacun de ces objets dans la mesure où nous le considérons comme quelque chose d'immuable dans l'écoulement du temps. La forêt que je vois depuis ma fenêtre est aujourd'hui la même qu'hier, et sera demain la même qu'aujourd'hui. Je suis donc parvenu à la notion de cette forêt en faisant abstraction de la temporalité de toute action comme, en particulier, de mon expérience, et en attribuant à chacune de mes impressions isolées un substrat identique et immuable. Par rapport à l'impression, celui-ci est un universel, comme l'atteste le plus nettement le fait qu'à tout moment nous pouvons nous référer à lui. Même l'abattage de cette forêt n'y changerait rien, car il n'enlèverait pas de ma conscience le souvenir de cette forêt précise. Potentiellement, on peut détruire n'importe quel objet, mais même la toute-puissance d'un dieu ne peut faire qu'il n'eût jamais été. Autrement dit : un événement ne peut pas devenir un non-événement. Par conséquent, ce que nous disons lorsque nous parlons de choses ou d'un événement, voire d'objets en général, a, par rapport à l'unicité de l'image qui ne vit que dans l'instant de la vision, le caractère de la conceptualité. Mais dès lors, une image originelle ne peut plus se confondre avec un quelconque objet !

Imaginons-nous deux amants pendant, pour ainsi dire, la floraison de leur amour, – cependant, ils n'éprouveront pas, pendant une période de plusieurs semaines, chaque heure ou chaque minute le même degré d'enchantement.

> Au plus profond de la flamme amoureuse vit
> Une sorte de mèche ou de mouchure qui la dompte ;
> Et rien ne reste toujours de la même qualité.
> Car la qualité qui s'accomplit se meurt
> Dans son propre excès.
>
> (Shakespeare)

Ils vivent des heures ou des minutes d'une félicité débordante, voire de ravissement ; et des heures mortes s'ensuivront pendant lesquelles chacun attend en vain de l'autre le frisson qui le comble et cherche en vain les raisons de son absence. Car l'expérience vécue de l'amant, même si le plus souvent il l'ignore, ne s'attache pas à la *personne* aimée, qui reste toujours la même, mais à *l'image* de celle-ci qui, elle, coule dans le fleuve du temps. La grande et tragique fatalité des grands amants est de croire que l'état érotique porte en lui la garantie de sa durée. La jeune fille devient une femme, la femme devient une vieille dame ; le jeune homme devient un homme, l'homme devient un vieillard ; chaque fois, c'est la même personne qui parcourt ces phénomènes, mais les phénomènes en eux-mêmes se distinguent radicalement entre eux, et c'est seulement à l'image, et non à l'identité d'un être particulier que tout éros s'attache ! Si Schopenhauer disait qu'il fallait faire abstraction du phénomène pour parvenir à l'idée, nous dirions, à l'inverse, qu'il faut faire abstraction du contenu notionnel, c'est-à-dire de l'objet, pour parvenir à l'image. Il en va ainsi non seulement pour l'émotion érotique, mais également pour la vision des images en général. Je peux avoir regardé une centaine de fois la forêt derrière ma fenêtre sans avoir vu autre chose que l'objet, ce même objet que voit également le botaniste ; mais à *un* moment, lorsqu'elle s'enflamme dans le coucher du soleil, sa contemplation peut me ravir de mon propre moi ; alors, mon âme voit soudain, pendant peut-être une minute ou une seconde seulement, ce que je n'ai jamais encore vu ; quoi qu'il en soit de la durée de la vision, ce que je viens de voir était l'image originelle de la forêt et *cette* image-là ne reviendra jamais, ni pour moi ni pour quelqu'un d'autre. – Peut-être nous fera-t-on ici une objection réellement importante. On pourrait en effet dire ceci : si la forêt est un contenu notionnel, alors celui qui en a la vision archétypale ne devrait plus voir une forêt ; or, puisque cela pourra difficilement être le cas, comment prétendre qu'il s'est défait des chaînes du moi et, partant, de l'esprit et de toute conceptualité ? – Nous répondrons en essayant de donner une description positive de l'image originelle.

Nous constatons d'abord que même le contenu indifférent de la vision est toujours plus riche que l'objet que l'on peut en détacher. Ainsi, la notion de la forêt, et même celle d'une forêt précise, ne contient-elle rien, par exemple, des nuances de lumière ou de couleur. Au moment de ma vision, au contraire, la forêt s'était embrasée dans les couleurs du couchant, et cet éclat était parfaitement indissociable de l'image vécue. À un autre moment, la même forêt peut, enveloppée de brumes, voguer dans l'orage, et si j'ai de nouveau la grâce d'en voir l'image originelle, celle-ci sera encore différente de celle que j'avais reçue jadis. Par comparaison à l'objet dicible de la perception, l'objet de l'impression s'avère être plus riche en traits qui jamais ne se laisseront diviser complètement en qualités dicibles. – Mais nous entendons l'objection selon laquelle ce fait serait dû à la nature nécessairement abstraite de la pensée voire de la langue et par conséquent peu apte à distinguer l'acte de perception de l'événement de la vision ; car si l'on remplaçait celui-là par une plaque photographique, celle-ci pourra bien saisir l'impression instantanée que dégage l'objet de la perception et aussi conserver dans des reproductions ce qu'elle a ainsi capté. Or, par l'opposition entre l'impression instantanée et l'objet doué de durée, nous avons simplement voulu rappeler pourquoi la différence entre les deux ne consiste – et ne peut consister – dans la possibilité qu'aux yeux du voyant il y aurait à la place de l'objet nommé « forêt » tout à coup un autre objet ! Comme nous venons de l'indiquer, l'objet dicible est extrait de l'image impressive, et ce constat s'applique de la même façon à la reproduction de la forêt qu'à la forêt réelle ; mais en disant cela, nous avons déjà épuisé les similitudes entre les simples images de la perception et le contenu de la vision (extatique). Car « l'image originelle » (comme nous l'appelions) dont on fait l'expérience à l'aide de cette dernière, ne se présente jamais comme un étant que l'on pourrait chercher, trouver ou capter dans une chambre obscure, mais s'engendre uniquement par l'attouchement polaire entre une âme réceptive et un démon agissant, et le frisson lumineux dont il s'auréole au moment de sa gestation est le signe et le sceau d'une telle origine. *Par leur nimbe, les images originelles sont plus riches que l'objet même dont émane l'impression que l'esprit peut saisir.* Il serait vain de vouloir disséquer le nimbe et de le distribuer à des notions ; en revanche, nous pouvons essayer d'éveiller son souvenir en renvoyant à ses effets plastiques.

Dans la poésie de la Chine ancienne, on dit de la fiancée royale qu'elle est « un arbre dans un vêtement de feuillages soyeux ». Dans l'épisode de Nala et de Damayanti (du *Mahabharata* indien), le héros à moitié nu est peint par ces paroles : « Qui est cette flamme de beauté enveloppée de fumée ? » Un sonnet d'Eichendorff sur la mort de la bien-aimée se termine par cette strophe :

> Ton image chérie est ores mon étoile
> Dont le calme regard m'indique la patrie ;
> Ainsi le marin pieux se confie aux orages.

Le ravissement, la nostalgie, le deuil nocturne, transforment aux yeux du chanteur la figure qu'illumine l'amour, l'introduit dans des rapports lointains de profondeur cosmique et nous laisse voir dans l'extrait individuel du phénomène ce qu'aucun œil diurne de la conscience jamais ne trouverait : s'éteignant ou s'embrasant, s'approchant ou s'enfuyant, en pleurs ou exultant : l'âme du monde. L'image vénérée apparaît à la mélancolie de Lenau dans les traits du firmament ondulant :

> Avec clarté au ciel houleux
> Il me semble voir ton image ;
> Je vois aussi tes longs cheveux
> Librement voler dans l'orage.

Mörike, dans son poème *Pérégrina*, conjure le charme de l'aimée dans le symbole de l'or :

Le miroir des yeux bruns, fidèle et sombre tain,
Est comme le reflet d'un or intérieur,
Qui semble remonter des profondeurs du sein,
Où prospère un tel or parmi un saint malheur.

Des métaphores, nous dira-t-on. Loin de là ! Car si nous remontons jusqu'au niveau des chants originels, nous voyons se produire, en vertu du pouvoir magique de la parole, ce qu'énonce la bouche enthousiaste du voyant. Dans un chant russe, le vieux barde ne trouve aucun bateau sur la grève pour la traversée. Alors :

Le vieux chanta un chant si beau
Le vieux chanta un chant si puissant
Que la mer se mit à l'écouter
Que les vagues bleues écoutaient
Que les ondes écumantes écoutaient
Que les courants profonds écoutaient
Et écoutaient même les rivages ;
Il chantait un chant si beau
Le vieux chanta un chant si puissant
Que les rivages jaunes s'inclinaient
Que l'un vers l'autre ils s'inclinaient
Que nul espace ne demeurait entre eux ;
Ainsi se penchant l'un vers l'autre
L'un à l'autre ils étaient reliés
Et on ne vit aucune lacune entre eux ;
Ainsi se penchant l'un vers l'autre
Ils étaient reliés étroitement,
Rivage gauche au rivage droit
Rivage droit au rivage gauche
Formant un pont, solidement[10].

Un chant finnois évoque un chanteur des runes :

Tous jubilent et exultent avec moi
Tous chantent et sautillent

Tous gambadent et se réjouissent
Et toutes les alouettes trillent
Et tous les saumons jaillissent de l'eau
Et tous les grillons pépient
Et toutes les abeilles bourdonnent
Et toutes les coccinelles susurrent
Même les vents des monts dansent
Même les ondes du détroit se gonflent
Même les sapins s'inclinent
Même les pins se penchent
Même les bouleaux se tendent
Même les ormeaux s'accroupissent
Même les herbes se bercent
Même tous les roseaux bruissent
Oui même toutes les pierres roulent
Et même la dune frémit
Et tous les galets lisses tressaillent
À l'endroit où l'on pêche le saumon
Aux belles baies des marènes :
Là-bas chante un bon chanteur de runes,
Là-bas chante un brave chanteur de runes[11].

Mais également à propos du temple mystique devant lequel doit se dérouler, provoqué par la descente de Faust aux Mères, le nouvel enlèvement d'Hélène, nous lisons :

Des colonnes le tronc, le triglyphe résonne ;
Comme si le temple entier un chant entonne.

L'image de l'homme se dissout dans les météores, les météores se condensent en l'image de l'homme. Ce qui à l'œil diurne était un objet isolé parmi d'autres objets isolés, s'entoure maintenant de flux telluriques et cosmiques. Couleurs, formes, sons, bruits et parfums semblent se condenser en lui comme dans un pandémonium de tous les éléments de l'image ; et pourtant, cet objet luit et scintille d'une clarté excessive et ressemble à un visage tantôt menaçant tantôt prometteur. La réalité au contact de laquelle l'image est née n'a pas été modifiée objectivement, mais les barrières entre l'objet et la réalité elle-même sont tombées. Ce qui jamais s'est trouvé sous le rayon de la vision archétypale n'est plus un objet parmi d'autres, mais devenu le centre du monde. De lui on pourrait dire ce que Méphisto accorde à l'adepte :

> Jette-toi à la mer, là où elle est la plus houleuse ;
> À peine auras-tu posé ton pied sur un fond de perles
> Qu'un cercle magnifique se forme au milieu des flots.
> Des ondes de lumière vertes et chancelantes voguent,
> Se gonflent en dressant autour de toi, leur centre,
> Les murs d'une maison. Et à chaque pas que tu fais,
> Où que tu ailles, ces palais vont avec toi.

Lorsque l'étincelle se transmet du démon à l'âme, celle-ci devient elle-même la source originelle et démonique des images, *vivant* ce dont on ne peut jamais *penser* la révélation à l'aide de mots : le commencement du monde, toujours recommencé dans l'événement de la vision. Nous nous souvenons de la strophe tressée de feu que Schuler écrivit dans le *Dithyrambe corybantique* de sa *Cosmogonie* :

> Tu n'es davantage que la mèche de ma chandelle
> Que l'huile échauffée et balsamique de ma lampe.
> Tu n'es davantage que le sang de ma douceur
> Que la pompe des hyacinthes sur mes mosaïques
> Qui s'enflamment au toucher de ma semelle –
> Je suis la lumière qui t'aspire dans la nuit,
> Je suis l'œil qui te leurre par son éclat,
> Je suis la perle qui remplit le coquillage
> Je suis l'ivresse qui rajeunit le monde.
> Je suis la vie[12] –

Le destin du monde se révèle dans l'instant illuminé ; jusqu'aux lointains de l'espace et du temps, tout ce qui jamais s'est produit et se produit encore, puise sa lumière et son sens dans l'image, aussi éphémère soit-elle[13].

Le contingent, quel qu'il soit, pense Novalis, peut « devenir notre organe du monde. Un visage, une étoile, un paysage, un vieil arbre – peuvent faire date dans notre vie intérieure. Voilà le grand réalisme du culte des fétiches ». En effet, tout ce qui de nos jours peut nous paraître étrange dans les cérémonies cultuelles, les fêtes sacrées, les rites magiques, les tabous ou la prophétie, est sans exception fondé sur la prédominance de l'intériorité voyante par rapport à la capacité impressive de la simple perception et sur l'intégration du monde des objets, dont le mouvement ne peut être que d'ordre mécanique, dans la réalité des images, démonique et vivante. Mais dans la vie entière de l'homme préhistorique, la réalité des images se cristallisait, pour ainsi dire, dans les temples, les idoles et les monuments funéraires, ou se reflétait encore, telle une pluie automnale de fleurs, dans la poésie ; aussi, nous en reste-t-il encore quelques symboles, dont nous ne devons pas récuser l'apport lorsqu'il s'agit de passer du contenu inconscient, et donc incommunicable, de l'extase à ces certitudes qui échappent à la logique, mais qui déterminèrent la vie des Pélasges et que l'homme de l'Antiquité historique retrouvait au moins au niveau spirituel dans ses cultes secrets. Car s'il existait une humanité encore habituée à entrer en communication, par un acte de vision fertile, avec le monde qui l'entourait, il est logique que pendant les états intermittents, plus sobres, elle cherchât à conjurer par des signes ce qui venait de s'enfuir, tout comme l'homme rationnel conserve son savoir dans le langage conceptuel. Or, ces signes, ce sont – les symboles. Ils sont les glyphes de ces images vues dans l'extase, donc de vrais hiéroglyphes, tout comme le mot est le glyphe du langage discursif qui fixe les objets dans les concepts. Si le langage conceptuel sert à la transmission d'un jugement, le langage symbolique sert à la revivification d'une vision ; et si le concept constitue le point de départ de la recherche scientifique, le symbole, lui, se trouve à l'origine du mythe. – Le nombre des symboles de la conscience visionnaire (comme par la suite nous l'appellerons pour simplifier) est illimité, comme sont illimitées les connaissances que l'on peut tirer d'eux, à condition de savoir les déchiffrer ! Pour notre propos, il suffit de considérer, dans la profusion de ces traces et de ces sentiments, un seul aspect ; mais pour le comprendre correctement, il nous faut d'abord approfondir notre connaissance de l'essence des images.

Nous passâmes de l'état d'extase à son essence en soulignant le caractère lointain de l'image par rapport au caractère rapproché de l'objet perçu. À l'objection inévitable que des objets lointains sont eux aussi perçus, et que notamment la distance dans l'espace constitue le modèle de toute distance imaginable, nous ne pouvons que rétorquer que, d'une part, sans aucune vision (fût-elle inconsciente), il ne peut y avoir de perception, même pas de ce qui est rapproché dans l'espace ; et que, d'autre part, la perception des lointains spatiaux comporte une certaine « qualité sonore » dans laquelle quelqu'un qui sait écouter reconnaît la voix de l'âme qui s'éveille ; et c'est justement en cela que s'annonce déjà, discrètement, le changement d'état. En comparaison de quelqu'un qui observe la coccinelle dans sa main, l'homme qui contemple des collines voilées de bleu s'approche davantage, dans des conditions sinon similaires, du « rêveur » ou de celui qui est « plongé » dans la contemplation. L'amateur de distinctions traite même les lointains comme quelque chose de rapproché et sacrifie ainsi l'image intuitive à une série d'endroits qu'il mesure successivement et donc isolément, alors que le regard de celui qui est plongé dans la contemplation, fût-ce d'un objet rapproché, est fasciné par son image, au-delà de toute finalité, c'est-à-dire par une forme qui n'a pas été définie par ses limites, mais par l'ensemble des images avoisinantes. C'est bien moins la distance par rapport à l'objet, mais la manière de le contempler qui fait qu'il se caractérise par la proximité ou par la distance ; et chacun reconnaîtra un aspect objectal au caractère de proximité et un aspect d'image au caractère du lointain.

Mais ici quelqu'un pourrait nous opposer, avec un semblant de cohérence, que même si tout ce que nous venons de dire était juste, il subsisterait une contradiction insoluble par rapport à la conscience primitive, qui, selon nous, est avant tout guidée par la vision. Car les unités sidérales qui font l'objet de la contemplation originelle, pour ne pas parler des unités de l'espace rapproché, portent à *nos* yeux les traits des lointains, puisque nous connaissons ou croyons connaître les données objectives, mais nullement aux yeux de celui qui les vit en tant que phénomène ; et ce serait justement le critère distinctif des temps préhistoriques que de considérer les distances stellaires de manière rapprochée et familière. « La cosmogonie grecque », continuerait à peu près notre contradicteur, « connaissait Éros comme créateur du monde : mais malgré son caractère cosmique, c'était toujours un éros de la proximité : même si le fait que selon les Grecs les étoiles se nourrissaient des vapeurs de la terre, avait un sens plus profond que ce que les astrophysiciens de nos jours ont pu déchiffrer, il témoigne pourtant de cette relation de proximité entre le paysage céleste et le paysage terrestre que la mesure de leur regard sensuel réclamait. Le symbolisme grec, qui en son essence est en effet d'ordre élémentaire, a acquis le charme et la clarté architecturale de ses formes au prix du rétrécissement de son horizon animique et visionnaire ; sans doute est-il à l'origine de la beauté magique et unique de leur art anthropomorphe, mais il a également accéléré l'enlisement de la pensée cultuelle dans la pensée purement logique. Il n'y a peut-être pas de témoignage plus convaincant de la manière dont le jugement dépend du 'regard voyant' propre à l'expérience vécue, que la redécouverte copernicienne du vol itinérant de la terre ! L'héliocentrisme – déjà connu des Grecs primitifs, d'Aristarque et peut-être déjà de Philolaos – était pour les Anciens une 'vue' peu probable qui dépérissait à côté du système ptolémaïque, puisqu'ils n'avaient jamais connu le pathos vertigineux qui est à son origine et qui donnait à une simple formule astronomique le sens d'une révolution, la plus inouïe que *l'image* de l'espace eût subie jusqu'à ce jour dans l'âme humaine ! – L'hyléen grec jetait son regard limpide sur 'la terre pérenne et solidement fondée'. Le bois, le rocher et la mer qui se brise contre les récifs s'accordent comme les articulations d'un hyménée, contenus et clairement limités par la coupole lumineuse de l''Ether' qui les surplombe. La flamme s'élève en tourbillons vers des espaces plus familiers, les averses arrosent la terre accueillante, le destin murmure dans les cimes remuées par un vent vivifiant, reliant le proche et le lointain, le haut et le bas, et le ciel avec toutes ses étoiles 'plonge son visage' dans l'éclat des eaux. Tout évolue et se déplace, s'annonce, se déploie et s'évapore, et ainsi passe la *vie* ; pulsions et désirs, envies de satisfaction ou d'union, guerre et réconciliation, densifient l'air et liquéfient le solide, attirent le feu céleste dans les bras des marais, envoient par les brouillards l'humidité fertile dans la zone ardente du soleil. La croyance dans l'animisme universel, la panmixie et la métamorphose permanente irriguent les mythes et la pensée des premiers penseurs. Mais même s'ils affranchirent le mythe des limites de la perception et enseignaient le retour circulaire des phases polaires de la réalité, on complète de manière erronée leur conscience par la nôtre si l'on croit qu'ils avaient jamais quitté la scène géocentrique. Leur vision de l'espace s'y opposait ! Les mythes, les symboles, les doctrines de sagesse, les épopées homériques, la poésie éolienne et pindarique, les chœurs des tragiques, les temples et les sculptures nous révèlent l'espace occidental antique : partout il a la figure du globe se refermant sur lui-même, dont la moitié visible se dresse comme une tente ou une coupole sur le paysage terrestre comme soubassement. Le sentiment vital de l'Antiquité est cosmique, mais cellulaire, et prend le macrocosme pour un microcosme élargi. Il reste sourd à la découverte des Aristarque car son espace est la cellule macrocosmique qui soutient tous les actes comme la cruche contient le jet d'eau, et qui accueille les images du ciel et les images de la terre sous le même toit. L'espace de l'Antiquité était un espace de proximité, celui de l'οἶχος. En va-t-il différemment de l'espace des 'primitifs' ? Chez certains peuples de Polynésie, la conviction qu'à l'horizon le ciel s'adosse sur la terre et la maintient ainsi s'exprime dans le fait que les étrangers sont appelés des 'papalangi', des 'briseurs de ciel', parce que, venant d'un *autre* monde, ils font irruption dans celui-ci ! Peut-on imaginer un argument plus probant en faveur du caractère de proximité de l'expérience originelle ? Comment alors le concilier avec une doctrine de la vision qui définit les images par le caractère lointain de leur contenu ? »

Nous venons de citer un extrait de notre ouvrage principal, *L'Esprit considéré comme antagoniste de l'âme*. On s'y reportera pour une démonstration plus développée de cet argument ; ici nous n'en avons cité que l'essentiel, en guise de réponse. – Si l'on déduit la notion de « lointain » de l'espace copernicien d'une part, et qu'on la mesure ensuite à la conscience de l'οἶχος des temps anciens, on serait de bon droit tenté d'appeler l'éros de l'Antiquité un « éros de proximité ». Or, il est permis, comme nous le verrons plus loin, de prendre l'expression « éros du lointain » dans une acception plus large, si l'on distingue bien entre vision et perception, ce qui nous permettra de l'appliquer sans exception aux époques cultuelles de tous les peuples de tous temps. Mais avant cela, ouvrons une parenthèse : l'objection ci-dessus porte moins sur la différence entre les époques archaïques et les époques tardives que sur une différence raciale, ou, plus exactement, une différence entre les peuples gréco-romains (comparables à cet égard à un grand nombre de « peuples naturels ») d'une part, et les nombreuses tribus orientales et, surtout, les Germains préhistoriques et les Indiens, d'autre part. Un grand nombre des hymnes les plus anciens des Védas, par exemple, sont – tout en ignorant l'espace copernicien – auréolés de l'éclat lointain des images, auquel même la poésie éolienne, et encore moins Homère et les poètes tragiques, n'ont rien à opposer de comparable ; et l'architecture indienne anticipe elle aussi de plus d'un millénaire sur la dissolution des formes qui caractérise le romantisme paysagiste du baroque tardif. Mais il y eut toujours, dans l'Antiquité occidentale, des individus qui transgressèrent l'idée de l'οῖχος, comme Aristarque de Samos, que nous avons déjà nommé, et avant tout Héraclite, qui par sa doctrine véritablement antigrecque du flux éternel, combattait la pensée statique à ses racines. – Fermons la parenthèse pour revenir à « l'éros du lointain » au sens large du terme.

Si l'objet reculé dans le lointain peut, pour le moins, devenir une image de contemplation (*Anschauungsbild*), en tant que reflet, dirait-on, de l'image réelle, il peut, inversement, tout aussi bien venir de « l'infinitude » de l'univers et s'approcher toujours davantage, jusqu'à courir le risque de se figer dans une singularisation hypostasiée. À la question de savoir s'il existe un moyen fiable pour distinguer entre l'image rapprochée et l'objet, fût-il éloigné, nous nous référerions avant tout au signe négatif qu'est le *caractère intangible* de toute image. Il est vrai que plus haut nous rappelâmes le témoignage selon lequel l'initié souvent non seulement voit quelque chose, mais également le sent, l'entend, le touche et le goûte ; or, nous verrons au chapitre suivant que dans le « goûter », ce n'est pas le sens tactile qui est sollicité, mais une capacité de vision, qui est, elle aussi, comprise dans le sens gustatif et le sens tactile ! Certes, même un objet qui ne se trouve qu'à peu de distance ne peut, à strictement parler, être touché ; mais, à part les phénomènes du firmament, tout objet, aussi éloigné fût-il, *peut* être touché, soit en s'en rapprochant, soit que c'est lui qui se rapproche de nous. Si tout corps terrestre, qu'il soit lointain ou rapproché, se définit donc par le fait de pouvoir être touché, l'aspect lointain ne peut pas relever de son essence, mais de celle des images célestes et, notamment, des *images du passé.*

Proximité et distance sont les deux pôles complémentaires non seulement de l'espace, mais aussi du temps. Nous nous représentons la distance temporelle dans les images de la distance spatiale, mais c'est la distance *temporelle* qui transpose l'objet éloigné dans les lointains (intangibles). Bref, comme nous l'avons déjà dit plus haut : le temps est l'âme de l'espace. – Il semble qu'exceptionnellement nous puissions invoquer les « sciences naturelles » à l'appui. L'astronomie nous apprend en effet que, pour parvenir de Sirius, une étoile fixe très proche, jusqu'à nous, la lumière met plusieurs années ; en la percevant, quelque chose est ainsi « présent » à nos sens qui en même temps s'est déjà « écoulé » depuis si longtemps ! Cependant, même si nous n'étions pas certains que la science de demain réfutera comme une erreur cette opinion devenue quasi populaire, tout s'embrouille définitivement du moment que nous échangeons la distance mesurable du *corps* de Sirius contre le caractère lointain de son *image* ! Nous ne parlons pas des distances mesurables en miles ou en année-lumière, mais de ce caractère du lointain (la distance « en soi », d'une certaine manière) que l'on voit immédiatement (donc de manière pré-conceptuelle) et en même temps que l'image elle-même.

Imaginons que nous nous reposons sur une vaste grève, et sans pensées d'ordre secondaire, nous nous abandonnons à la contemplation de la bordure ultime de l'horizon rendue visible par la nuée disséminée de la vapeur d'un bateau qui s'est déjà évanoui ; à cette expérience vécue de la profondeur de l'espace, juxtaposons, dans le miroir du souvenir, l'immersion dans les images de la jeunesse irrémédiablement perdue ; et celui qui n'est pas complètement dépourvu du don de s'orienter dans l'espace intérieur trouvera que les deux types d'expérience se ressemblent à s'y méprendre. Ce qui par son parfum d'horizons lointains et inatteignables remplit le cœur d'une nostalgie harcelante, douloureusement irritante et doucement apaisante, c'est la réalité du passé que *jamais plus* on ne touchera ; et l'élément par lequel, dans l'image intérieure, un événement se détache en tant qu'écoulé depuis longtemps et enfui au loin, d'un événement récent et encore présent dans un passé proche, – cet élément est le bleu de la profondeur spatiale, qui est hors comparaison dans ce monde. Changeant comme les nuages au-dessus des cimes des monts et accompagné du scintillement trompeur, « faussement éloigné », des étoiles, le passé défile éternellement devant le regard du spectateur involontaire de ces images, et éternellement il dit adieu ! Souvenons-nous encore une fois de la révélation mystique : l'extérieur est l'intérieur transposé dans un état de mystère.

Mais aussitôt une nouvelle objection se présente : à supposer même que la proximité temporelle et la proximité spatiale, le lointain temporel et le lointain spatial, soient à chaque fois identiques quant à leur essence, pourquoi ce qui est éloigné dans l'espace doit-il nécessairement apparaître sous le jour du passé et non, aussi bien, sous celui de l'avenir ? Selon la langue, le passé est derrière nous et l'avenir devant nous ; le crépuscule du soir peut nous rappeler celui-là, l'aurore celui-ci, et Eichendorff ne chantait-t-il pas que les lointains parlent d'un bonheur *futur* ? – Afin de ne pas perdre de vue notre argument principal, nous sommes obligés de nous contenter de quelques indications pour expliquer pourquoi les lointains du temps passé sont pensés comme étant derrière nous ; mais nous espérons néanmoins pouvoir convaincre le lecteur que quelque chose comme un « avenir lointain » n'existe pas dans – la réalité.

Espace et temps, liés entre eux de manière polaire, ont ceci en commun qu'ils s'étendent entre le pôle de la proximité et le pôle du lointain. Comme il est certain que la proximité spatiale n'est qu'*une* (et dont l'essence est d'être tangible), indifféremment du lieu où je me trouve, et que le lointain spatial n'est qu'*un*, que je regarde vers l'est, l'ouest, le nord ou le sud ; de même est-il certain que par rapport à la proximité temporelle il n'y a qu'un seul lointain temporel. S'il y en avait deux, à savoir un lointain de l'avenir à côté du lointain du passé, le caractère lointain du point de fuite devant moi serait d'une autre nature que le caractère lointain du point de fuite derrière moi. Le contraire étant incontestablement le cas, la dualité du lointain temporel ne peut être qu'une pure invention et un des deux lointains doit être une chimère. Or, nous sommes obligés de considérer l'avenir comme une telle, et cela pour la raison suivante. Quand je me souviens du passé, je me souviens d'une réalité qui a eu lieu ; quand, en revanche, je pense à quelque chose de futur, je pense à quelque chose d'irréel, plus exactement à un état de choses qui n'existe que dans la pensée ! Si tout à coup tous les êtres pensants disparaissaient, le passé qui avait lieu réellement resterait néanmoins exactement ce qu'il avait été avant ; tandis que le mot « avenir » perdrait complètement son sens du moment qu'il n'y aurait plus d'êtres dotés de pensées tournées vers le futur ! L'avenir ne se situe pas par rapport au passé comme *un* lointain temporel à un *autre* lointain temporel qui lui serait opposé, mais comme un simple concept par rapport à la réalité elle-même ; autrement dit : l'avenir n'est pas une propriété du temps réel.

Peut-être nous ripostera-t-on : seul le présent est réel. Mais de la même manière que le passé a contribué à la formation de ce présent, celui-ci forme lui-même les conditions de l'avenir. Les pulsions de sollicitude par exemple ne laissent pas de doute que même l'état animal est tout aussi étroitement lié à l'avenir qu'au passé (comme en témoigne par exemple, chez les oiseaux, la construction de nids pendant la pariade). Celui qui concède le caractère de réalité au passé ne devrait donc pas le refuser à l'avenir. – À cela nous répondrions qu'il ne faudrait pas confondre la nécessité de la progression du temps avec l'anticipation intellectuelle d'un présent qui n'est pas encore, et en aucun cas celui-ci ne se situerait au même niveau que la pensée par laquelle je me réfère à quelque chose qui a réellement eu lieu. Sans cependant vouloir comparer des degrés de certitude, tout un chacun doit comprendre et reconnaître qu'il n'y a pas un événement situé dans l'avenir dont on ne puisse pas penser que, au lieu de se produire, il ne se produise pas. Quand l'astronome nous prédit jusqu'à la fraction de seconde près le moment de l'éclipse solaire, nous ne doutons pas que celle-ci se produise exactement au moment indiqué ; seulement, *il ne serait pas impensable* qu'avant cela, tout l'univers dont nous avons connaissance éclatât et fût réduit en atomes ! Impensable serait cependant que l'éclipse solaire qui s'est produite hier n'eût en même temps pas eu lieu ! Que celui que les exemples de la physique ne convainquent pas en choisisse un dans le domaine de la vie quotidienne. Nous pouvons espérer que notre ami survit à une entreprise dangereuse, nous pouvons craindre que cela ne soit pas le cas, mais il n'y a plus rien à espérer ni à craindre *après* qu'il y eut trouvé la mort. Si donc l'avenir est peuplé des jeux d'ombre de nos craintes et de nos désirs, il doit en lui-même être quelque chose d'irréel, quelque chose de purement pensé, – une chimère. Si, à l'inverse, même les souhaits les plus passionnés sont condamnés à s'échouer contre le rocher de ce qui s'est produit, le passé, en revanche, s'avère *rempli de réalité jusqu'au bord*. Passé et présent, et non passé et avenir, sont les pôles du temps, et le lointain temporel coïncide ainsi parfaitement avec le lointain du passé. « La nature est partout du passé » (Novalis). La langue a employé le terme *fern*, « loin » (étymologiquement lié à *firn*, « vieux »), à l'origine pour désigner ce qui s'est écoulé et presque comme un synonyme de « jadis, autrefois, ancien ».

L'humanité prométhéenne, qui précédait immédiatement l'humanité historique, a élevé l'avenir au même rang de réalité que le passé (nous y reviendrons plus loin) ; l'humanité héracléenne, celle de « l'histoire universelle », assassina, et assassine toujours, la réalité du passé par la chimère « avenir », elle prive l'instant de sa substance en le vidant de ce qu'il contient de passé et déchire le lien fertile entre la proximité et le lointain pour substituer la *relation* ahasvérique et anticipatrice du présent à ce fantôme du lointain appelé avenir. Cette humanité finira par perdre complètement son passé, mais elle sera anéantie au même moment, étant vidée aussi de son présent : car ce n'est que dans les images du passé que le temps se réalise et *se manifeste*. « Seul le passé est doué d'un éclat tardif ; comme des bateaux qui parfois tracent derrière eux une voie lumineuse » (Jean Paul). L'expression la plus effrayante de cette folie nommée « histoire » fournissent les

« eschatologies » et les « apocalypses ». À leur sujet nous dirons plus loin juste ce qu'il faut ; ajoutons ici encore quelques mots sur le motif « devant » et « derrière » évoqué plus haut.

La réalité est éternelle et le temps réel est le battement du pouls de l'éternité, selon lequel chaque présent rejette dans le passé un instant évanoui au profit d'un instant imminent. Par rapport au pont du *nunc* suspendu au-dessus de lui, le temps devient un courant *provenant de* l'avenir et coulant *vers* le passé. Si nous nous tournons vers ce côté-là, chaque instant semble venir – avenir est linguistiquement la même chose qu'« à venir » (*künftig/kommend*) ; mais si nous nous tournons vers ce côté-ci, chaque instant semble s'éloigner. L'expérience vitale sur laquelle se fonde le couple notionnel passé-avenir réside dans le fait que chaque instant présent peut aussi bien être vécu comme advenant que comme s'éloignant, échappant, s'écoulant. Étant donné que de manière générale nous ne marchons pas à reculons, et que la durée, en tout cas, ne le fait jamais, l'extension vers le devant est la direction dans laquelle nous marchons ou marcherions, l'extension vers l'arrière celle qui nous ferait reculer. Si en marchant nous fixons un point éloigné dans l'espace, il s'approche de plus en plus, alors que la distance entre nous et un point situé derrière nous augmenterait en même temps. Celui-là vient vers nous, celui-ci disparaît toujours davantage, celui-là est le symbole de l'instant à venir, celui-là le symbole de l'instant qui s'évanouit (et chacun comprendra que l'aurore se situe de la même façon par rapport au coucher du soleil). Seulement, le lointain reste toujours identique. Car ce n'est pas lui que nous avons atteint lorsque nous atteignons le point éloigné, qui instantanément deviendrait une proximité, et même une proximité extrême. Puisqu'en fin de compte nous ne pouvons pas inverser la direction du temps et que nous nous éloignons irrésistiblement de l'instant écoulé, tandis que chaque instant qui a été pensé authentiquement comme futur doit tôt ou tard advenir et devenir présent, c'est seulement le passé qui peut se présenter sous le *vrai* jour du lointain. Il ne resterait qu'à expliquer pourquoi l'avenir lui aussi peut se présenter parfois sous l'aspect du lointain, comme dans la strophe d'Eichendorff citée plus haut. La réponse est que l'âme de l'image vue au lointain est toujours un lointain du passé ; mais en tant qu'êtres pensants, nous sommes capables de projeter celui-ci dans l'extension de l'espace *devant* nous : l'avenir est le passé projeté devant nous. Cela est vrai encore de la notion d'avenir propre aux sciences naturelles (et qui au fond est intemporelle). Il n'y a pas un seul calcul portant sur l'avenir dont la matière ne fût prise à l'interprétation conceptuelle du passé ! Quand l'astronome calcule avec précision le moment de l'éclipse solaire, il ne le fait certes pas grâce à une simple règle de probabilité qui se fonderait sur les intervalles enregistrés d'éclipses passées ; mais les forces, les éléments de trajectoire et les temps de parcours qu'il utilise comme unités de calcul sont tous élaborés à partir de l'observation de mouvements sidéraux qui ont déjà eu lieu. – Cela devrait suffire à ce propos.

Pour trouver l'essence de l'extase, nous avons dû analyser l'essence de la vision, ce qui nous a amenés à distinguer le caractère lointain de l'image vue du caractère proche de l'objet de la perception. Mais tout ce que nous avons dit à ce propos resterait fragmentaire et sujet à malentendu sans l'élucidation métaphysique du lointain, dont nous venons de constater qu'en soi il est du passé, bien qu'il se manifeste comme *phénomène* dans le lointain spatial. Les images originelles sont par conséquent des images du passé (l'idée d'anamnèse dans l'érotique platonicienne en est un reflet), et la vision extatique porte, contrairement à l'acte de perception, sur la réalité du passé, par essence intangible.

Que l'image de l'espace soit géocentrique ou « infinie » : l'éros fait la preuve de son authenticité dans le fait qu'il s'enflamme dans la vision du monde antérieur ! – Au reflet de la doctrine de l'essence, le proche est pâle et décevant, le lointain seul nous enivre ; le présent est proche, le passé est lointain, et le sens certes extra-rationnel de l'état visionnaire est ceci : qu'il nous « transporte » dans le « domaine interdit », dans le monde maternel du passé ; ou qu'il ramène les « esprits » de ceux qui depuis longtemps ne sont plus ! Aucun Platon, aucun Plotin, aucun Schopenhauer n'a approfondi cela ! Égarés par les feux follets du *logos*, les philosophes ont confondu l'éternel avec la limite intemporelle du temps, ou avec la chimère d'une durée sans fin ; ils espéraient conquérir par la raison ce qui, sans être sollicité, ne se donne qu'au sens de la piété et du sacrifice ; et en profanant l'image merveilleuse de l'univers qui *les* engendra aussi, ils cherchaient au-delà de celui-ci – comme s'il y avait un deuxième monde objectal, arrangé plus confortablement – ce dont le phénomène ne se montre qu'au voyant, dans le bleu nocturne du passé lointain. Mais parmi les poètes, plusieurs le *savaient*, dont Goethe.

> Coule donc ! Je pourrai dire aussi : monte !
> N'importe. Fuis ce qui le jour a vu
> Dans des espaces que plus rien ne dompte !
> Jouis de ce qui, dès longtemps, n'est plus.
> ---
>
> Ce qui fut une fois, et d'éclat avait lui,
> Il s'agite là-bas et veut être éternel.
> Et vous le répandez, Puissances éternelles,
> Sous la voûte du jour et le ciel de la nuit.

Et celui qui atteindrait maintenant « ce qu'on ne peut demander et obtenir par la prière », que ce soit par la « grâce » ou par magie ; celui qui a échappé à son moi pour devenir un avec le battement du pouls de l'éternité, celui-là accomplit et parachève peut-être même la tentative dangereuse de conjurer les morts :

> Ne devrais-je, rempli de force nostalgique,
> Attirer dans la vie cette figure unique ?

Même s'il devait concéder avec Faust :

> Je ne respire guère, la parole s'est tue.
> C'est un rêve, car jour et lieu ont disparu.

Conformément à l'identité entre proximité temporelle et proximité spatiale (et donc entre ici et maintenant), « *Gegenwart* » (présent temporel) signifiait jadis « *Anwesenheit* » (présence physique) et nous utilisons encore aujourd'hui le terme en ce sens lorsque nous disons de quelqu'un qu'il est « *gegenwärtig* » (présent). Si en tout cas la vision est une sorte de présentification, et le lointain visible quelque chose d'absent, nous pouvons définir l'essence spécifique de la vision comme une « présentification de l'absent », ou encore plus précisément comme la « présentification d'un passé », et ce faisant nous tenons entre nos mains la clef du *culte des morts* qui jadis fut répandu sur la terre entière, mais qui a disparu de la conscience moyenne de l'homme actuel. Dans le culte des morts nous retrouvons, saturée de couleurs et approfondie par la vision lointaine, notre ébauche de l'état visionnaire ; et celle-ci nous aide à son tour à comprendre d'une part le sens originel du culte des ancêtres chez les Pélasges et, d'autre part, en vertu de quelle confusion les sacres survivants ont pu donner à l'initié la conscience de son « immortalité ». Mais ce n'est pas par une énumération des différents cultes d'ancêtres chez les peuples préhistoriques que nous allons procéder, mais en fournissant des preuves immédiates considérées du point de vue de « l'éros de l'antan » ; ce faisant, nous serons obligés d'alléguer maint fait familier depuis longtemps aux connaisseurs (car à notre époque utilitariste les connaissances mythologiques et ethnologiques se limitent à une minorité marginale d'amateurs et d'érudits). En guise de transition nous indiquons un fait que nous ne développerons pas par la suite, et qui, portant une ultime fois sur l'essence du lointain, aura pour effet secondaire d'éclairer, pour ainsi dire, de son ombre la raison pour laquelle l'éros dont nous traitons est dit « cosmique ».

Nous avons vu que tout ce qui est éloigné dans l'espace peut être rapproché, à l'exception des étoiles. Que notre œil pénètre encore plus profondément, grâce aux verres optiques, les abîmes de l'espace ; qu'il capte dans la chambre obscure le reflet de myriades d'étoiles, en des endroits où auparavant il n'y avait que du vide sans lumière ; que nous sachions dessiner les bords des cratères de la lune et mesurer leur hauteur, décomposer par la chimie la matière solaire et les vapeurs enflammées d'autres mondes : malgré tout cela, nous aurons toujours comme « présent » devant nous le « phénomène » des étoiles et jamais leur corporéité (purement déduite). C'est pourquoi on dit que l'on ne doit pas « désirer les étoiles », et leur présent, si on nous permet une plaisanterie pour illustrer le caractère paradoxal du phénomène, « brille par son absence » ! – Mais si par conséquent on ne peut pas imaginer un symbole plus convaincant du « jadis » que la splendeur des étoiles au firmament nocturne, nous comprenons ainsi non seulement le frisson de sublimité qui parcourt tout spectateur encore ouvert au monde, mais également pourquoi l'esprit originel considérait les étoiles tantôt comme les âmes des défunts, tantôt comme leur séjour, et en tout cas toujours comme les chœurs lumineux du monde antérieur évoluant désormais dans un élément impérissable et auxquels « toute vie d'ici-bas restait liée ». Bachofen avait indubitablement raison de penser que l'idée exprimée par Aristote dans sa *Métaphysique*, à savoir que « la course des planètes engendre tous les phénomènes », est une « idée originelle fondamentale de l'humanité et dominait profondément la conception antique de l'univers »[14] ; mais elle ne le fut que parce que les images lointaines des étoiles furent jadis des démons puissants, et les démons à leur tour des « esprits » d'un *monde originel antérieur.* – Leur caractère *souterrain*, tout aussi originel, selon lequel les démons vivent dans l'intérieur de la terre, ne contredit pas cette idée. Car sans parler même du fait que le « chthonisme » était opposé, de manière polaire, mais nullement hostile, à l'« uranisme » *originel*, le mensonge de la spiritualisation ne s'est pas emparé, à ses débuts, du firmament nocturne, mais du jour et du soleil qui culmine en lui ; une tablette dorée des Orphiques témoigne ainsi de l'intériorité d'une humanité qui, même si déjà dé-divinisée, se savait pour autant encore dans la *proximité* des dieux ; l'âme de l'initié y dit d'elle-même : « Je suis l'enfant de la terre *et du ciel porteur d'étoiles.* » Les exemples pris presque arbitrairement soit dans l'Antiquité soit chez des peuples « sauvages » ne nous permettent pas de douter que le service astral se faisait partout sous le signe de l'éros du lointain, et ils nous apprennent de manière incontestable que l'homme voyant était beaucoup plus fortement guidé par le lointain intangible des images que par la proximité des corps concrets.

Aucune doctrine utilitariste n'a su nous expliquer pourquoi dans les mœurs et les légendes de peuples pélasgiens peu développés, comme nous les retrouvons sans conteste chez certaines tribus nègres, chez les Boschimans, les Botocudes, les habitants de la Terre de Feu, les Puris, les Australiens primitifs, – pourquoi chez ces peuples nous pouvons observer que – à côté de la symbolique par exemple de l'épieu, du harpon, de l'alêne, de la citrouille, du chacal, du hibou, du crapaud, du renard ou de l'ours, du tatouage, de la conjuration, des imprécations, des menstrues, de l'accouplement, de l'accouchement et d'autres événements « trop humains » de la proximité, – les images lointaines des étoiles ont sans exception joué un rôle qui, même s'il est dépourvu de dimension astronomique, dépasse de loin les simples intérêts motivés par la crainte ; mais c'est définitivement la science astrale développée sans commune mesure chez des peuples pélasgiens de génie comme les Chinois, les Sumériens, les Assyriens, les Égyptiens de nos jours, les Incas et les Aztèques au début de leurs cultures attestées historiquement, qui, par l'opposition au sens stellaire émoussé de l'Européen, devrait immédiatement convaincre un esprit dépourvu de préjugés que nous devons renoncer une fois pour toutes à chercher les motivations de la pensée mythique dans l'idée qui nous est familière, celle de l'intérêt, supposé soucieux de s'étendre et de préserver ses acquis. Les chefs des tribus de Virginie vivaient après leur mort « dans le pays au-delà du coucher du soleil », là même, dans la mer occidentale trempée de couleurs, où les Grecs s'imaginèrent située l'« île des bienheureux ». Les Polynésiens de Tokelan considéraient la lune comme le séjour de leurs rois défunts. Plutarque, dans son écrit *Sur la face qui apparaît dans le disque lunaire*, prend l'ensemble des étoiles pour « des dieux qui se manifestent dans le ciel » et la lune en particulier pour la région de Perséphone et pour « l'élément des âmes ». « Car les âmes sont dissoutes dans la lune comme les corps des morts sont dissous dans la terre. » Sur la face de la lune qui se détourne de la terre et regarde vers le ciel se trouveraient les « champs élyséens ». Les Winnipeg d'Amérique du Nord appelaient la Voie Lactée « le sentier des morts ». C'est dans le ciel que les âmes des Groenlandais dressent leurs tentes, à l'endroit où se tend l'arc-en-ciel. Selon la croyance des Eskimos, toutes les étoiles furent jadis, aux temps immémoriaux, des hommes ou des animaux. Dans le baudrier d'Orion, ils virent un groupe de chasseurs de phoques qui avait perdu son chemin. Les aborigènes de Vandiemensland avaient l'habitude de montrer aux étrangers, dans les nuits étoilées, les deux dioscures qui avaient apporté le feu à leurs ancêtres. Les pharaons, les rois des Sassanides, les césars romains s'appelaient eux-mêmes « frères du soleil et de la lune » et retournèrent après leur mort à l'endroit d'où ils étaient descendus, le ciel étoilé. À la mort de César, une comète fut interprétée comme son âme, tout comme chez presque tous les peuples de la terre des astres qui soudain s'illuminent, et notamment les étoiles filantes, sont considérés comme des âmes soit menaçantes soit favorables. Pline parle de la *societas coeli nobiscum* !

L'éros du jadis est un éros du lointain. Mais celui-ci, parce qu'il s'enflamme au contact des images immatérielles, met le voyant en relation avec le monde intangible des étoiles et anime ainsi du rythme de l'univers la vie terrestre de ceux qui vivent encore dans la lumière ; c'est pourquoi ses porteurs étaient littéralement des êtres « cosmiques » et qu'ils nommaient leurs initiés suprêmes des « fils du soleil ». Nous en trouvons un reflet dans la conscience de « ceux qui savent », telle qu'elle se manifeste dans une inscription tombale de l'Antiquité qui – même si elle dissocie déjà les pôles et annonce la séparation entre le monde supérieur et le monde inférieur – exprime néanmoins de manière somptueuse, dans son vers final, le frisson animique immémorial propre à cette filiation stellaire qui nous est devenue étrangère :

Dans deux phalanges cependant
Les âmes des morts se divisent.
L'une erre sans trouver repos
Sur le globe terrestre ; l'autre
Commence la ronde, enlacée
Aux lumineux corps célestes.
Je fais partie de cette armée,
Car c'est le dieu qui fut mon guide.

Devenue étrangère à nous ; mais jaillissant de temps en temps comme l'éclair dans les moments d'élévation éprouvés par les génies créateurs, tant qu'il y en reste dans l'humanité dépérissante ! Le même état de la conscience qui avait forgé la sentence orphique fit inventer à Nietzsche le terme de l'« amour du plus lointain » (*Fernstenliebe*) et lui inspira ces vers :

La course stellaire est ta destinée :
Que t'importe, étoile, l'obscurité ?

Les « courses stellaires » se payent certes d'un prix plus élevé de nos jours que jadis ! Ce sont les orbites de ceux qui sans espoir choient en victimes sur des autels ignorés. Ainsi tomba aussi Nietzsche, condamné deux fois : d'une part par une humanité qui l'expulsa (même si extérieurement elle lui faisait la cour) et d'autre part par sa propre participation à elle. Cependant, lui aussi s'associa aux étoiles, une comète qui sans doute ne reviendra jamais. – –

VI. DU CULTE DES ANCÊTRES

L'ethnologue moderne a tendance à déduire le culte animique des temps originels de la crainte des démons et à expliquer ainsi pourquoi il avait dû s'évanouir au fur et à mesure que la croyance aux esprits s'était dissipée devant la « lumière » de la raison. Or, aux rites inspirés par la crainte se juxtaposent incontestablement des rites érotiques, et ceux-ci se profilent avec d'autant plus de netteté que nous nous approchons des couches les plus anciennes du culte des morts. – Nous aussi nous connaissons encore la couronne comme diadème, puisque *Krone* vient de *Kranz*, et couronner quelqu'un signifie, chez nous aussi, lui discerner le sacre suprême. *Kranz* = *Krone* est le symbole immémorial de l'accomplissement, de la *telete*, de la perfection atteinte. Toute couronne est une « couronne de la vie » ou le signe du *gamos* des pôles de la vie, des fiançailles consommées entre une âme couronnée et l'âme de l'univers. C'est pourquoi l'initié ceint une couronne ou un bandeau, et ainsi du vainqueur, du souverain, du prêtre et de la fiancée ! Or, nous savons que le Mycénien ornait également ses morts de couronne et de bandeau ! Le mort avait donc atteint, chez eux, le sacre suprême ; il était un initié à leurs yeux, un héros, voire un démon, et l'acte de mourir coïncidait avec l'accomplissement du *gamos* parfait. Très vénérés en tant que *tritopartores* et dispensant des bénédictions à leur tour, les esprits des ancêtres sont présents à chaque mariage. On leur voue des libations et le mariage réel des deux époux se place sous leur saint patronage. Romulus, l'ancêtre primitif de l'Empire romain, était le protecteur des nourrissons et guérissait des enfants débiles. En tant qu'esprits ancestraux et héritiers d'Esculape, saint Cosme et Damien accomplissaient, à l'époque chrétienne encore, de manière tout à fait comparable, l'office du baptême et de la guérison des enfants. Peut-on imaginer des témoignages plus forts en faveur de la thèse selon laquelle l'éros était la source du culte des morts et que la « croyance » sur laquelle il se fondait était la certitude de leur proximité toujours présente et ressentie intimement ! Voici un autre exemple : nous aussi nous connaissons encore le pourpre comme symbole de la dignité suprême. Nous ne nous interrogeons pas ici sur les causes de cette symbolique, et nous nous contentons d'indiquer que le Mycénien enveloppait ses morts dans des draps pourpres et qu'il apprêtait leur dernier repos sur des feuilles d'olivier, de myrte et de peuplier[15]. – L'énumération de tous les faits analogues attestés chez les primitifs remplirait des volumes ! Chez les tribus indiennes du Nord, les ancêtres garantissaient des chasses heureuses ; à Tanna, les âmes des chefs devenaient des divinités d'arbres fruitiers, à Tonga et en Nouvelle-Zélande, des divinités de la guerre. Les rites inspirés par la crainte ne sont qu'un phénomène tardif et secondaire des rites sympathétiques répandus chez tous les Pélasges.

Rien n'occupe l'homme du stade pélasgien davantage que les cérémonies funèbres et les soins prodigués au corps du défunt. La tragédie de l'Antiquité la plus saisissante du point de vue humain célèbre le dévouement et le sacrifice d'Antigone aux rites sacrés destinés au corps de son frère mort, un motif hors pair si nous le mesurons à la poésie des temps nouveaux ! Les enterrements archaïques avaient très probablement lieu dans la maison, sous le foyer, sinon au milieu du village, devant les murs, dans la porte de la ville, sur la place du marché, au prytanée, sur la place des fêtes ! Ainsi le tombeau de Pélops, en Olympie, se trouvait-il à côté du grand autel des cendres voué à Zeus, et les temples étaient en même temps les sépulcres d'un démon (par exemple le temple d'Apollon à Delphes, construit sur le tombeau du dieu chthonien Python). Les chrétiens avaient eux aussi l'habitude d'enterrer les défunts de race noble dans les dômes et les cathédrales, et dans les villages ils rassemblent encore de nos jours leurs tombeaux dans l'ombre protectrice des églises. Les constructions les plus imposantes des Égyptiens, les pyramides, sont des sépultures, tout comme les temples troglodytes en Lycie et les catacombes à Rome. « Leurs demeures des morts », écrit Diodore à propos des Égyptiens, « sont l'objet de plus de soins que celles des vivants ; ils considèrent ces dernières comme des auberges destinées à un séjour passager de courte durée et seules celles-ci comme l'habitat vrai et pour les temps éternels. » Les bois sacrés, les saintes montagnes de tant de peuples, les pierres des manitous chez les Indiens d'Amérique, les pagodes des Chinois et les stupas des Indiens étaient également tous des séjours funèbres. L'âme du défunt plane et volette autour du sépulcre, elle y demeure sous forme de serpent et habite comme *genius loci* et comme *agathodémon* bénéfique dans la maison des vivants. Tout le culte romain prend sa racine dans la vénération de l'esprit des ancêtres domestiques, des lares ; il en va de même du shintoïsme des Japonais. Les tribus de l'Antiquité et, pareillement, tous les « sauvages » se nommaient et se nomment encore d'après un ancêtre mythique. L'*agon* grec est issu de la vénération des héros morts aux temps préhistoriques et symbolise le cycle éternel de la naissance et du déclin. Personne ne méconnaîtra qu'il ne s'agit pas de l'appréhension et de la défense à l'égard de fantômes, mais de la vénération aimante des vivants qui brigue l'amour en retour des êtres transfigurés du passé et qui par des rites, en partie immédiatement compréhensibles en partie ésotériques, toujours de nouveau les « attire dans la vie » ! Qu'est-ce qui, finalement, pourrait nous en convaincre de manière plus irréfutable si ce n'est la coutume saisissante de la Grèce tardive, consistant à représenter le mort héroïsé, sur les terres cuites des tombeaux, *sous les traits mêmes d'Éros*, tantôt en dormant, tantôt au flambeau abaissé, tantôt, comme doucement fatigué par la fête de la vie diurne, affalé sur un lit de repos, le front couronné et une coupe du banquet dans la main ! Mais ce n'est pas l'« immortalité » que le défunt avait atteinte de cette manière ; bien davantage : en tant qu'il ne fut jamais mort, il était présent, métamorphosé seulement !

Ce n'est que la conception spirituelle, pour laquelle la mort signifie l'annihilation de l'existence, qui a engendré l'horreur à l'égard de la mort, incompréhensible auparavant, en même temps qu'elle a fait naître le désir passionné d'immortalité. L'homme originel, en revanche, pour qui le monde simplement existant se cachait obscurément derrière le monde animique des images vivantes, ignorait l'un comme l'autre. Il n'était pas encore assez « personne » pour que l'idée de l'existence, fût-ce par rapport à son propre moi, pût le bâillonner comme l'homme moderne et influer sur ses mœurs. Comme il est certain que tout, homme ou chose, n'existait à ses yeux que, pour ainsi dire, « à côté », de même il est certain que ce n'est pas seulement l'homme qui *vivait* à ses yeux, mais également la chose dite morte, voire la « matière » dont elle est composée, un terme qui, comme il sied de ne pas l'oublier, vient de *mater* = mère, symbole même de la source originaire. Pour lui aussi, la mort était néanmoins un événement éminent, non en tant que destruction de l'existence, mais en tant que métamorphose de la vie. On ne mourait pas, autrefois, dans le sens moderne du mot, puisque quelque chose qui fût essentiellement mort n'existait pas encore.

Pour comprendre le rapport entre l'état visionnaire et l'éternisation de la vie, il convient d'abord de réfléchir de manière empathique sur le clivage infranchissable qui sépare la conception de la mort à l'époque archaïque de celle des temps présents. C'est pourquoi nous exposerons celle-ci, pour une fois, sous le jour du monde archaïque. – Tout vrai adepte de la religion spirituelle du christianisme croit en l'immortalité personnelle de l'âme. Mais si un paysan venait voir le curé ou le pasteur de sa commune pour lui dire que la tombe de son grand-père est hantée par l'âme du défunt, le « directeur des âmes » lui apprendrait que l'âme du grand-père se trouve dans l'« au-delà » ou au « ciel » et ne peut donc en aucun cas se promener ailleurs. De cette façon, la croyance en l'immortalité exile les âmes hors du monde, fait des « âmes puissantes » de « pauvres âmes » et déconsidère toute la croyance animique contraire en en faisant une « superstition ». Dans les sacrements de l'extrême-onction, dans la lecture de la messe et la fête de la Toussaint, le catholique conserve encore quelques restes du culte antique des morts. Pour le protestant, c'est-à-dire, le chrétien achevé, la poussière redevient poussière, l'esprit redevient esprit, tandis que l'âme, avec l'ici perd aussi le là-bas et en fin de compte le dernier pied de terrain de la patrie. N'ayant domicile ni sur la terre ni sur l'une des milliers d'étoiles, elle ne demeure dans aucun espace, mais dans le non-ici, au « lieu supra-céleste », dans – l'« au-delà ». Ce qui était au centre du service animique dans le monde originel, à savoir les soins pour le corps du défunt, pour le sépulcre et les cendres, devient ainsi l'affaire arbitraire d'une « piété » sentimentale ! L'art et la culture du monde préhistorique ont prospéré dans le terreau du culte funèbre, puisqu'ils *ne connaissaient pas* l'immortalité de l'âme, mais, au contraire, sa *présence permanente* ; toute la chrétienté, croyant en l'immortalité, ne voit dans le corps du défunt qu'un cadavre et dans le tombeau qu'un simple endroit qu'après trente ou quarante ans on peut sans problème reconvertir en terrain utilitaire ; dans l'ancêtre de jadis elle ne voit qu'un être mort et donc parfaitement impuissant, qui ne se mêle plus d'aucune façon aux luttes d'intérêts que se livrent les vivants. Muter l'âme en tant qu'immortelle dans un au-delà signifie la priver de sa patrie intra-mondaine, signifie en faire une âme « déliée » et, partant, annihilée ! Ce n'est donc pas le chrétien, mais l'initié païen en lui qui dicta au poète ces vers :

> Nous sommes, nous, les morts, une plus grande armée
> Que vous, vivant sur terre, et vous, vivant sur mer !
> De nos actes patients nous labourons les champs,
> Vous prenez la faucille et coupez la moisson,
> Ce que vous achevez, nous l'avions commencé,
> Et il remplit encor les bruissantes fontaines,
> Et notre amour entier, nos combats et nos haines,
> Là-haut battent encor dans leurs veines mortelles,
> Et les sentences vraies que nous avons trouvées,
> La vie sur votre terre y demeure attachée,
> Et nos sonorités, nos formes et poèmes
> Visent le laurier dans le jour des mortels,
> Et toujours nous cherchons des buts qui sont humains
> – Ainsi, honorez-nous, car nous sommes nombreux !

« Le chef de la tribu américaine », écrit un ethnologue méritoire, Lippert, « qui s'éloigne de la société des voyageurs, parce qu'un mal de tête lui avait rappelé qu'il venait de négliger les soins envers l'âme de son père, exprime un état d'esprit qui est représentatif de toute l'ère archaïque. »[16] Le fait est juste, mais malheureusement notre observateur omet de l'interpréter. Il n'en retient que la peur du chef de la tribu envers l'esprit de son père. Mais nous nous demandons ceci : comment le chef a-t-il pu associer spontanément ses maux de tête à l'âme de l'ancêtre, qui n'était pas présente ? N'aurait-il pas été plus logique de penser aux rayons du soleil équatorial, qui probablement brûlaient sur sa tête, et de voir en eux la raison de ses douleurs ? Est-ce qu'un être sensuel, avec sa foi dans le présent, comme l'était sans doute notre chef, ne devait pas raisonner de cette manière ? De simples idées, c'est indubitable, peuvent parfaitement déterminer le comportement d'un Européen des temps modernes, mais aucunement un nègre sensuel. Si celui-ci a tout de même franchi d'un saut le présent sensible pour chercher dans le fantôme de son aïeul la raison de ses douleurs, cela signifie donc que par sa présence saisissante l'ancêtre est devenu plus perceptible à ses sens que les rayons dardés par le soleil eux-mêmes ! Ce n'est pas le « souvenir » de l'âme ancestrale à vénérer, mais son *fantasme* qui s'était emparé de son âme. Son sentiment animal de crainte et sa volonté primitive de connaissance ne requièrent pas d'explication particulière ; mais le caractère irrationnel de son interprétation montre sans conteste que même à l'état de veille il était en relation avec une réalité *d'images oniriques*. Même celui qui par principe refuse au fantasme tout caractère ontologique ne peut pas nier ce fait.

Ceux des mythographes pour qui toute la croyance animique de l'ère archaïque s'explique par la vie onirique se sont du moins rapprochés un peu plus de la vérité que ceux qui cherchent son origine dans l'observation de la mort. Car la référence à nos rêves est pour nous, à moins d'être poètes, le seul moyen de réfléchir de manière empathique au fait que pour les hommes originels, les âmes étaient aussi présentes que le sont pour nous les objets de la perception. Mais nous serions encore dans l'erreur si nous voulions comprendre la conscience archaïque en supposant que les hommes originels avaient des rêves plus riches et les méditaient de manière plus vivante. Il ne s'agit pas de rêves nocturnes, mais du fait que l'état de veille de l'homme de jadis se laisse comparer plus facilement à nos rêves qu'à notre état de veille, sans coïncider aucunement, pour autant, avec l'état de sommeil.

À plusieurs reprises, nous avons exprimé l'idée que la vision transforme le voyant ; ce qui, de toute évidence, s'oppose le plus à l'acte de perception, où celui qui perçoit se distingue de l'objet perçu et s'assure de son être-pour-soi limité. Citons un passage d'un fragment de notre étude *De la conscience onirique*, publié il y a plusieurs décennies, qui entreprend d'expliquer la caractéristique essentielle des images, leur *mutabilité*, à l'aide de l'expérience onirique commune et qui peut constituer ainsi une transition vers la conscience de la réalité propre au voyant, qui généralement irrite, voire déconcerte le porteur de la veille réflexive[17]. Dans le paragraphe qui précède notre extrait, nous affirmons que l'état de veille connaît lui aussi l'ambiance onirique et qu'un de ses signes distinctifs est le caractère fugitif de l'événement vécu. Nous continuons en ces termes : « En revenant sur notre troisième point, à savoir le caractère fugitif et évanescent du réel aux yeux de celui qui se trouve dans une humeur onirique, nous rencontrons une propriété du rêve que tous les observateurs ont souligné, mais dont nul n'a su mesurer, nous semble-t-il, toute la profondeur, à savoir la mutabilité permanente de toute image onirique. La rue sur laquelle je roule dans mon rêve s'est subitement transformée en un canal, la voiture en un bateau, et déjà les murs des maisons ont reculé et j'évolue dans un port au milieu d'autres bateaux ; je n'en éprouve aucune surprise et je ne ressens aucun manque de cohérence dans la succession de ces événements. Plus haut, nous avons déduit du caractère fugitif du réel de type onirique la prédilection de la pensée mythique pour les éléments atmosphériques plastiques en forme de nuage ; nous trouvons maintenant la raison de cette humeur dans la capacité de tout phénomène onirique à se métamorphoser en n'importe quel autre phénomène ; et quant au mythe, nous trouvons la raison de cette prédilection dans la nécessité de savoir les dieux, les démons, les fées, les elfes et d'autres démons et esprits, pourvus du même don. Car ils ont tous en commun de changer aussi bien de forme que de métamorphoser ami et ennemi, objets, animaux et hommes. Ovide avait saisi d'une main heureuse le noyau essentiel de tout mythe et de tout conte en choisissant comme point d'ancrage de son parcours poétique à travers ceux-ci le motif de la 'métamorphose', même s'il ne réussit pas à traduire ce phénomène fondamental dans la langue de la littérature. Nous comprenons également au moins *un* élément du sentiment de l'éphémère (d'humeur onirique, toutefois) dans l'expérience du rêveur de se croire lui-même soudainement transformé, ce qui nous semble étayer notre hypothèse d'une relation entre l'événement onirique et, justement, l''âme'. Car, comme les maîtres du rêve, les dieux, l'âme rêveuse doit, elle aussi, être capable, volontairement ou non, d'essaimer dans la multitude des choses et de s'unir, en les habitant, aux pierres, aux plantes, aux animaux, aux hommes et aux objets. Selon cette logique onirique en particulier, qui s'est souvent condensée dans le dogme de la métempsycose, l'esprit conditionné par le rêve ne connaît rien de non animé et de purement mécanique ; les animaux, les plantes et les choses 'mortes' lui 'parlent', et à chaque moment, il partage le destin du monde qui l'entoure. Et c'est encore une fois l'obligation de choisir ce qui se métamorphose matériellement qui déterminait les formes typiques de l'âme : le souffle qui plane, la lumière qui vacille, la flamme qui serpente (les hommes du feu, les diablotins et les torches des sorcières dans les légendes allemandes), l'eau des sources et des fleuves, dont surgit un murmure de voix prophétiques, la poudre du soleil ; dans le règne animal, ceux qui volent ou glissent ou s'échappent de leurs coquilles sans bruit, donc avant tout l'oiseau, le poisson et le serpent, le papillon voletant, l'abeille sans repos, le loup chasseur, la belette alerte, la souris empressée, qui souvent s'échappe des lèvres du dormeur lorsque l'âme commence son voyage. Mettre le principe de la métamorphose et, avec lui, les âmes, sous la domination de l'esprit veillant et diurne, tel est le but immémorial de tous les théurges, exorcistes et nécromanciens et c'est également une des racines proethniques du mysticisme, dont nous pouvons saisir une forme originelle, dépourvue de tout affaiblissant mensonge spiritualisant, dans les auto-métamorphoses des héros germaniques en loups-garous ou en béserkir, celle des danseurs sataniques de Ceylan en démons, celle des initiés de Sabos, dans l'ancienne Thrace, en le *thiasos* du dieu-taureau débridé. Le mythe grec quant à lui – et non seulement lui – a vu ce principe dans la figure d'un dieu, et, comme on le comprend facilement, dans celle d'un démon aquatique, à savoir ce Protée, ami des phoques, et dont l'*Odyssée* raconte que, saisi par Ménélas et ses compagnons camouflés dans des peaux de bêtes, il s'était métamorphosé tantôt en un lion, tantôt, puisqu'ils s'acharnaient, en un léopard, un dragon, un sanglier, dans de l'eau coulante et un arbre touchant aux nues, avant d'être vaincu et de révéler sa science divinatoire infaillible. D'après lui, en tant qu'il est le démon classique de cet art mythique de la métamorphose, nous attribuons à la réalité onirique un caractère *protéiforme*. »[18]

Plus haut, nous avions comparé l'état de veille de l'homme voyant à notre état onirique ; les phrases précédentes laissent déjà pressentir quelque chose de cette énorme modification qu'avaient subie toute sa conception de la vie, ses convictions, sa pensée et son comportement. « La comparaison avec ce que *nous* entendons par 'croyance', c'est-à-dire une croyance aux faits concrets, n'est guère permise, quand l'Hymne védique, par exemple, s'imagine, sans éprouver le moindre sentiment de contradiction, que le démon du feu, Agni, est issu du ciel, de l'eau, des forêts, de la pierre, de la plante, du *gamos* des branches frottées, du 'giron maternel du beurre' ; ou qu'il le fait ramener des hauteurs, tel le feu prométhéen, par un héros archaïque ; ou qu'il l'appelle tantôt un taureau ou un cheval à l'éclat rouge, tantôt 'la langue brillante des dieux' ou la bouche par laquelle ils avalent la flamme de l'autel. On serait tenté de n'y voir qu'une poésie sauvage de la nature, quand les esprits de l'orage, les Maruts, volent rapidement par les airs en devisant, traient les pis du ciel et inondent la terre de son lait, sonnent le tocsin, pillent la mer des nuages comme la chenille l'arbre, plient les bois comme des éléphants et s'approchent avec des 'rugissements de lion' qui font vaciller la terre comme un vaisseau. Or, nous avons déjà fait allusion au fondement de la vraie poésie. Cependant, n'oublions pas non plus que tous les esprits ne sont pas seulement célébrés, mais aussi vénérés avec beaucoup d'offrandes, apaisés et attirés par un rite dont les cérémonies et les commandements occupent une vie humaine entière, et que la signification des images, qui semblent purement ornementales, mais qui en réalité ont un sens explicatif, se retrouve le plus souvent dans des rites magiques très répandus, ce qui à l'évidence serait absurde sans la croyance en leur réalité. C'est en vain que l'on entreprendrait de comprendre du point de vue de la conscience de veille les émois du sens onirique, pour lequel sa propre songerie peut prendre figure d'événement pendant que la conscience de veille s'évapore dans des images sonores. »[19] Même dans les contes, ces rejetons enfantins de la vie voyante, qu'ils viennent de l'Inde, d'Arabie, d'Océanie ou d'Allemagne, l'action est soustraite au monde objectif de *notre* état de veille par l'élan qui habite secrètement toute chose et tout être et qui leur permet de changer de forme en un éclair ; ainsi, les feuilles desséchées deviennent de l'or qui porte bonheur, la grenouille disgracieuse devient un prince de belle stature, et la victime du meurtre renaît de l'os décharné, plus belle qu'avant. L'Indien d'Amérique n'appellerait jamais son animal totémique, par exemple le loup, « le premier homme », si grâce à la vision extatique il n'avait su vivre, et vécu réellement un jour, le fait qu'un loup se transforme en homme ou l'homme en loup ! Le nerf central de la pensée visionnaire est la certitude de la *mutabilité du monde phénoménal.*

Mais la mort aussi s'inscrit, par voie de conséquence, dans l'idée de métamorphose. Poursuivant la logique onirique de l'état originel jusqu'au bout, nous pouvons déterminer sans difficulté le rôle que le mort joue par rapport à la vie. Celui qui en vertu de la vision extatique avait connu la grâce d'« essaimer » dans les lointains intangibles, ressent en revenant chez lui pour la première fois les *chaînes* qui attachent son âme à l'éternel « ici » du corps tangible. Son âme, qui s'était envolée comme un oiseau, est ramenée par des fils invisibles au *lieu* qui l'enchaîne et à la proximité délimitée. Si elle déchirait ces liens, son sort serait, au lieu de la liberté en sursis et d'une métamorphose révocable, celui de la pérégrination déliée et de la mutabilité infinie, sort bien plus problématique, puisqu'en même temps qu'il promet la plénitude vitale cosmique, il brandit la menace d'une errance sans chemin. Mais dans la mort, ces liens sont réellement déchirés, puisque l'âme quitte alors indubitablement le corps et se trouve à la merci des possibilités infinies de transformation dans l'espace universel. C'est sur cela, avant tout, que repose son pouvoir démonique ; mais il en résulte également le danger pour elle, comme nous le verrons, de se perdre et de s'aliéner d'elle-même. En nous référant à l'expression du philosophe Plotin qui qualifie la matière comme le « réceptacle des images », nous pouvons formuler que l'âme du vivant présent est une image *liée* à la matière et que l'âme du défunt est une image *détachée* de la matière. Devenue entièrement image, l'âme assume complètement la forme de réalité propre au phénomène onirique, elle se métamorphose, vient et s'évanouit, sans être gênée par les limites physiques.

Qui, souvenons-nous, apparaît comme esprit de la vengeance à Don Juan l'impie ? L'*image de pierre* (*Bildsäule*) du commandeur assassiné ! Dans cette anecdote aussi, nous trouvons l'écho de la croyance de tout un monde archaïque ! Mais l'éloquent Pindare la révèle dans ses paroles immortelles : « Le corps suit la mort toute-puissante ; mais l'image (*eidolon*) du vivant reste vivante ; cependant, celle-ci dort lorsque les membres s'agitent ; mais à celui qui dort souvent, dans son rêve, elle montre l'avenir. » C'est la clef du culte des âmes ! – Cette image vengeresse a beaucoup de consœurs dans l'Antiquité. Ainsi, on raconte que la statue de Theagenes, qu'un insolent avait osé fouetter, attendait l'heure de passage de ce dernier pour se renverser sur lui et le tuer[20]. Loin d'être arrachée au monde dans un au-delà invisible, l'âme du défunt est bien davantage une image démonique et vivante, tantôt celle d'une étoile, d'une pierre, d'un arbre ou d'un animal, tantôt celle d'une source, d'un fleuve ou du souffle du vent qui passe, tantôt, de nouveau, l'image de son porteur de jadis. La croyance des temps archaïques n'était pas : il y a des âmes invisibles, voire une existence personnelle après la mort ; mais : vivantes sont les images des choses, et quelque chose vit sans entraves et adopte le caractère magiquement mobile de l'âme pour autant qu'il est devenu image et rien qu'image !

Rappelons en passant que non seulement Grecs et Romains employaient le mot pour « ombre » (σχιά, en grec ; *umbra*, en latin : « tumulum circumvolat umbra » !), comme le mot *eidolon* (nous l'avons rencontré plus haut) pour « âme », mais que d'innombrables « sauvages » le font encore de nos jours : ainsi les Tasmaniens (disparus maintenant), les Indiens algonkins, les Quieché, les Arovaques, les Abipon, les Zoulous, les Basutos, les Groenlandais, *etc.* La magie aux mille facettes du miroir, les arts incantatoires et prophétiques qui se servent de surfaces réfléchissantes, l'imprécation (attestée dans le monde entier) qui a recours aux objets symboliques, la doctrine des signatures, l'astrologie : tout cela ne devient compréhensible que par l'équation immémoriale entre âme et image. Les Indiens Macusi, en Guyane, disent qu'après la décomposition du corps « l'homme reste dans nos yeux ». Les habitants des îles Fidji distinguent entre l'« esprit sombre » et l'« esprit clair » : celui-là serait l'ombre de l'homme, celui-ci son image sur l'eau. Selon la croyance populaire européenne, un malade était ensorcelé ou voué à la mort quand disparaissait l'image dans sa pupille (= petite fille, petit enfant, poupée). De même, celui qui avait perdu son ombre succombait aux forces souterraines, car seules les images immatérielles de l'âme n'ont pas d'ombre.

Et souvenons-nous maintenant de la destination primitive des temples ! Ce ne furent pas, comme les dômes chrétiens, des espaces de recueillement pour la communauté, mais les maisons des dieux, et donc des endroits où le sens pieux pouvait les voir et les voyait réellement en regardant leurs « idoles ». Pour le païen, l'essence des puissances démoniques s'assimilait à un point tel à la capacité de se manifester que l'étymologie préférée du mot θείον, le divin, était θεατόν, le visible. Les juifs et les chrétiens étaient par conséquent des *atheoi* à leurs yeux, des gens qui méprisaient les dieux, puisqu'ils avaient fait de l'esprit, du principe invisible de la volonté iconoclaste, un dieu négateur des dieux. Le christianisme primitif en était parfaitement conscient, comme l'atteste Augustin consignant dans sa *Cité de Dieu* les opinions sur Hermès Trismégiste, porteur légendaire de la sagesse et de la magie égyptiennes. Celui-ci aurait en effet su et enseigné comment on invite les esprits des dieux à habiter des « *images visibles et tangibles* » qui, ainsi « douées de sens et remplies d'esprit », prédiraient l'avenir et l'annonceraient à travers le tirage au sort, les prêtres, les rêves et de bien d'autres manières encore ». L'indignation de Minucius Felix (dans *Octavius*) est encore plus éloquente : « Les démons sont ainsi *enfermés* par un rite *dans des statues ou des images*, comme l'avaient montré les magiciens, les philosophes et Platon, et ils reçoivent par l'inspiration une puissance comparable à celle d'une divinité présente ; ils hantent ainsi par périodes les prêtres, les temples, les fibres des intestins, et dirigent le vol des oiseaux, le jet des lots et communiquent des oracles.. Ce sont là ces fous que vous voyez délirer sur les places publiques ; et même en dehors du temple les prêtres sont pris de folie, délirent et tournent en rond.. » Mais ce qui est vrai au sujet de l'âme des dieux vaut à un degré inférieur également pour les âmes des amis proches et des membres de la famille ; les dieux eux-mêmes ne sont, en effet, que les âmes d'ancêtres, mais d'une autre époque de l'humanité, et, grâce à la nature de la vision, ils surplombent le présent d'autant plus lumineusement de leur ciel étoilé que semble grandir le lointain du passé d'où provient leur lumière. Dans ses *Vestiges du paganisme arabe*, Wellhausen rapporte comment, dans l'Orient, on avait fabriqué des images de plusieurs défunts, de façon à ce que chacun pût visiter son frère, son cousin ou son père ; dans la génération suivante, la vénération des images aurait encore grandi, et la troisième génération aurait fini par les adorer. Le dieu de la guerre des Chinois était selon l'opinion du peuple l'esprit d'un ancien grand guerrier, le dieu des arts celui d'un inventeur d'outils, le dieu des cochons celui d'un excellent porcher. Jusqu'à une époque récente, l'empereur chinois apportait une offrande solennelle à l'esprit de Confucius, vénéré au titre d'un dieu puissant[21].

Dans les paroles d'Augustin, auxquelles on pourrait juxtaposer un grand nombre de semblables, perce déjà le doute, qui n'est que trop compréhensible, et qui représente pour l'ethnologie un problème encore sans solution, à savoir si la statue, l'idole et le « fétiche » sont eux-mêmes des êtres démoniques ou s'ils sont seulement leur siège. En réalité, ils sont les deux en même temps : le siège de l'âme, en tant qu'ils sont des corps tangibles ; les âmes elles-mêmes, en tant qu'ils sont des images seulement visibles. Les images, jaillissant dans l'événement de la vision, viennent et s'en vont, se métamorphosent et ne se laissent jamais saisir ou retenir ; par rapport à elles, l'endroit physiquement tangible n'est au mieux que leur siège. Elles peuvent s'y trouver sans que l'homme s'en aperçoive nécessairement. Tout le monde ne reconnaît pas les signes secrets de leur présence, et seulement celui que ravit l'extase perçoit leur souffle comme une fine pluie de frissons. Mais quand le sens pieux et sacrificiel remplit de manière vitale le symbole particulier d'essence magique, celui-ci se révèle à l'âme présente, qui pour un instant métamorphose le simulacre et le libère dans l'apparition du dieu.

Car comme nous l'avons déjà indiqué plus haut, l'âme divagante est menacée d'errer de lointain en lointain, de métamorphose en métamorphose, et, enfin, de se déréaliser en perdant la capacité de formation unitaire. Chez les Islandais, la sortie des âmes s'appelait « voyage dans les formes ». Quand l'espace cosmique surplombant les lointains devenait sa patrie, elle perdait en revanche la patrie du lieu, celle de la proximité intime et chaleureuse. Or, espace et lieu, lointain et proximité, ciel et terre, pérégrination et immobilité, périphérie et centre, s'associent de manière polaire. L'élément tellurique s'étiole du moment qu'il est dissocié de la rotation des firmaments, l'élément sidéral s'évapore quand il n'est pas ancré dans le centre de la terre. Le premier a besoin, pour fleurir, de l'orage fertilisant des images du passé, tandis que la vénération ardente, l'offrande généreuse et l'esprit du sacrifice de ceux qui vivent physiquement dans la lumière préservent les âmes ancestrales onirico-démoniques de se dissiper dans les gorges nocturnes de l'espace. C'est pourquoi les défunts, comme – pour nous servir d'une image – des voyageurs assoiffés, désirent un endroit orné de fleurs et gardé sacré pour eux, alors que ceux-là, embrasés par l'éros du lointain, leur apprêtent tombeaux ou temple, bois ou colonne, arbre ou pyramide, urne ou caverne, statue ou figure de lares, et les ornent de sceaux qui conjurent leur retour, afin que ce soient les demeures préférées et le séjour du repos secret de ces âmes qui ne sont point bannies de l'espace, mais qui, sans l'amour de ceux que le corps protège encore, seraient condamnées à une pérégrination sans repos. Quand par exemple un guerrier était mort à l'étranger ou que quelqu'un avait subi un naufrage en mer, ses proches lui érigeaient un « cénotaphe », un tombeau vide : le lieu gardé où l'on invitait l'image du mort à se rendre. Les liens que l'éros tissait entre les âmes des vivants et les images des temps antérieurs étaient infrangibles[22].

Tous les rites funèbres, les symboles et les légendes au sujet de l'âme renvoient de manière concordante au fait qu'à l'âge pélasgien était encore répandu dans le peuple entier ce qui ultérieurement ne fut plus guère accessible que par les sacres, savoir l'« époptie » (εποπτεία, contemplation/vision) extatique. L'initié éleusien était passagèrement transporté dans un état de vision indépendante du corps par un drame qui le forçait à l'empathie (ou, mieux, à la participation intérieure imposée), et il en rapportait l'expérience de la réalité des images et du présent des défunts et, avec elle, la certitude désormais inébranlable du rajeunissement constant de l'*âme* de la vie. Mais en tentant de transmettre la science extra-rationnelle de la pensée visionnaire au milieu d'une humanité déjà dégénérée par la tyrannie de l'esprit et de la pensée rationaliste et utilitariste, les Mystères avaient succombé eux-mêmes à la fatalité, c'est-à-dire à la spiritualisation irrésistible, et ils auraient fini par se pervertir en leur contraire, si auparavant ils n'avaient pas dû périr dans l'autodafé de la haine chrétienne ; nous en dirons l'essentiel plus loin. Achevons d'abord la fresque de la nature de la vision en ajoutant aux couleurs que nous avons obtenues par l'interprétation du culte des ancêtres celles que nous révèle la tradition des mystères.

Le « repas sacrificiel » est à l'origine moins un repas à l'honneur du dieu que *le sacrifice du dieu lui-même*, suivi de son ingestion par les participants, dans le sens d'une communion avec lui. Nous n'entreprenons pas ici d'en fournir la preuve générale, puisqu'il suffira, pour notre propos, de suivre les cas que nous citerons comme exemples. Dans cette hypothèse donc, l'acte physique du repas cultuel assumerait sans exception le caractère d'un acte symbolique, même s'il s'accomplissait par la consommation de l'offrande animale voire le cannibalisme, dont on ne conteste plus la signification religieuse originelle. Or, cela fut réellement le cas. C'est seulement parce que l'objet du culte n'était pas le corps à consommer, mais son image, que l'on pouvait remplacer celui-là par un simulacre, fait par exemple en pâte de gâteau appelé chez beaucoup de peuples « le dieu qu'on mange ». Les figures immémoriales de nos chevaliers en pain d'épice et des bonshommes aux chaperons pointus étaient à l'origine des figures populaires de dieux. On les mange encore de nos jours dans des pays catholiques à l'occasion de ces fêtes qui jadis furent liées au repas sacrificiel, et on en rapporte aux amis restés à la maison afin qu'ils puissent participer à l'effet de grâce du pèlerinage[23]. Mais avant d'examiner la nature gamique de l'ingestion, nous devons combattre une erreur largement répandue.

Des symboles authentiques ne sont jamais des métaphores et l'absorption, par exemple, de la figure en pâte n'est pas du tout conçue comme une parabole. Si pour la conscience archaïque l'âme de l'objet reposait dans son image, l'enlacement ou l'absorption de son simulacre servaient également à s'unir à elle. La formule de la cène d'après Zwingli, selon laquelle le vin ne serait qu'une allusion au sang divin, est une falsification rationaliste. Le vin *est* le sang, en vertu de la vision mystique, précisément, et dans la mesure où il donne une image visible du sang. (Les auteurs anciens considéraient le vin souvent comme le « sang de la terre ».) Selon l'idée toujours majoritairement suivie par l'ethnologie contemporaine, on avait d'abord sacrifié exclusivement des bêtes ou des hommes, et préféré ensuite, mû par des sentiments d'« humanité », des simulacres inanimés ; cette thèse est d'une part contredite par des procédés de nature opposée, que nous ne pouvons pas développer dans ce cadre, et, d'autre part, elle ne peut pas expliquer pourquoi la « substitution » ne s'était pas faite, par exemple, par le biais de dons d'argent, qui nous sont familiers, mais par des images *concrètes* et ressemblantes. Est-ce qu'on a jamais pu considérer une faute comme réparée parce que le coupable avait fait le *geste* de payer, ou le fruit vendu comme livré par le simple *geste* du don ? Si tel n'a sans doute jamais été le cas, est-ce que nous ne devons pas, au lieu de parler de « substitution », nous demander pourquoi cela fut indubitablement un principe chez tous les peuples, s'agissant des us du sacrifice ? La règle sacrificielle des Romains énonce en effet de manière concise : sciendum in sacris simulata pro veris accipi = il faut savoir que dans les sacrifices ce qui est simulé doit être pris pour vrai ! Comment un tel principe aurait-il jamais pu voir le jour si pour la conscience visionnaire la réalité n'avait pas été la réalité du phénomène vu ! C'est bien pour cela que les μενοιδαιμονιζό des fêtes extatiques de tous les peuples et de tous les temps sont métamorphosés en démons par déguisements et masques ! Ce n'est pas un affaiblissement du rite originel qu'évoque son mode symbolique, mais, au contraire, son sens le plus fondamental. Dans tous les actes rituels, ce n'est jamais la matière qui compte, mais l'âme de la matière ; mais celle-ci ne se révèle que dans l'image.

On nous objectera que c'est justement la coutume de dévorer le dieu qui témoigne du fondement nettement matériel de la conception directrice. Même s'il reste notable qu'au lieu du dieu réel on considère une image, voire un simple morceau de pain, comme suffisant pour participer à son âme, on s'empare pour autant de celle-ci par l'acte d'ingestion du *corps* cru divin. Nous répondrions à cela que la notion de matière se présente sous un autre jour selon que l'on cherche en elle le fondement des objets de la perception ou, en revanche, le point d'appui et le séjour des images ; et l'incorporation motivée par une pulsion de fusion avec *l'image* de l'objet comestible se distingue de l'incorporation motivée par une pulsion d'alimentation. La matière en tant que fondement du monde perceptible n'est qu'une construction intellectuelle (qui sert la domination des mouvements par le calcul), la matière en tant que séjour des images renvoie au contraire – le mot « matière » le révèle – à l'hémisphère obscur de la réalité, sans laquelle le phénomène lumineux ne serait même pas pensable. Mais comme nous l'avons analysé plus haut, il n'y a pas de pulsion d'alimentation, mais seulement, au niveau animal, la faim et la soif ou – pour le dire avec Aristote – des pulsions d'union avec tantôt quelque chose de solide tantôt quelque chose de liquide ; et déjà celles-ci ne peuvent être déterminées avec justesse que si l'on tient compte des *images*. Car la faim et l'assouvissement présupposent deux choses : la dépendance du corps animal du monde en général, d'une part, et, d'autre part, la relation de réciprocité entre l'animal et un échantillon du monde, déterminé en fonction de l'espèce. L'effet de l'échantillon du monde qui assouvit la faim agit sur le vivant comme une attraction, un appât, et l'animal s'unit à lui par l'acte de manger, accompagné d'un sentiment de plaisir physique. Le fait que le choix de l'image s'effectue bien plus par l'odorat, la langue et le sens tactile que par la vue, ne doit pas nous empêcher de souligner, dans ces actes de médiation sensuelle, la présence de l'aspect visionnaire. Un être qui ne serait doté que d'une sensualité d'impression ressentirait seulement des différences de pression ; il se trouverait dans le monde comme entre les murs d'un cachot que l'on peut déplacer, mais non briser et il ne pourrait jamais découvrir la réalité des images. Souvenons-nous qu'il est insensé de vouloir considérer des *qualités* comme quelque chose de tangible[24], et nous comprenons immédiatement dans quelle mesure au fond du goût, de la sensation olfactive et du toucher, il y a également une vision, et que le fait que l'extase peut se produire à l'occasion du goût ou de la nourriture n'amoindrit en rien l'importance de sa production d'images.

Si incontestablement il existe entre l'impressionnabilité animale et les objets comestibles un rapport *particulier* selon lequel chaque espèce cherche les aliments qui ne conviennent qu'à elle, cette particularité doit reposer sur une tension polaire entre l'âme de l'animal et l'image de la matière ; ce qui nous permet de renouer avec le constat fait au début de ce livre, à savoir que toute personne différenciée affiche des penchants électifs dans le domaine du boire et du manger dont la satisfaction procure des délices animiques que le simple assouvissement de la faim ignore. Si c'est donc la prédominance de la vision qui distingue l'homme originel de l'animal et si le penchant électif dépasse chez lui, parfois de loin, le simple besoin, l'ingestion, elle aussi, peut en fin de compte se présenter à nous du point de vue d'une union entre l'âme et la force génératrice. Il suffit de remplacer l'idée utilitariste de l'alimentation par l'expérience vécue de la volupté gustative pour se trouver sur la voie d'une conception de l'ingestion comme un des aspects de l'éros. Qui la parcourt jusqu'au bout saura d'une dégustation qui est vécue comme une relation polaire entre celui qui déguste et le mets, en s'accomplissant sous des frissons extatiques. Mais dans un tel cas il s'agirait moins d'avaler un comestible que d'unir – à l'aide de sa matière – l'image, l'âme, l'essence du comestible à l'âme du propre corps, et l'acte d'ingestion ne ferait alors qu'accompagner le dévouement enivré du mangeur à son objet. « Ainsi, nous jouissons du génie de la nature tous les jours », dit Novalis, « et tout repas devient une commémoration..., le moyen secret d'une ... divinisation ». Est-ce que les mœurs cultuelles confirment ce propos ? Il suffit de juxtaposer quelques-unes des traditions éleusiennes, orphiques, égyptiennes et d'autres, similaires, pour constater tout de suite que dans les cérémonies époptiques, les rites d'union symbolique se mêlent aux ingestions mystiques. Nous commencerons par ceux-là.

Des mystères de Sabos, on connaît le δια του κόλπου θεός, c'est-à-dire l'acte sacré consistant à conduire un serpent doré à travers le sein de l'initié. Des mystères éleusiens, l'évêque Asterius révèle ceci : « N'est-ce pas là-bas la descente obscure et la rencontre cérémonieuse entre l'hiérophante et la prêtresse, entre lui et elle seule ? N'éteint-on pas les flambeaux et la foule ne croit-elle pas que c'est son salut qui s'accomplit là, entre ces deux ? » D'après le témoignage d'un autre adversaire chrétien, l'hiérophante déclare : « Brimo l'auguste a accouché d'un enfant sacré, de Brimos ; la forte a accouché d'un fort. » De Jong attire notre attention sur le fait que, chez les Indiens hopis, la célébration des mystères, qui dure neuf jours, trouve sa conclusion dans le mariage souterrain du « héros serpent » avec la « vierge serpent ». Selon Clemens, lors du sacre des Cabires, on cachait un phallus dans une boîte sacrée. La sentence de l'initié (bienheureux) notée sur une tablette d'or indique nettement que l'âme était la partie qui reçoit et la divinité celle qui engendre : « Je suis allé sous le giron de la déesse du monde souterrain. » – Si de tels témoignages ne laissent plus de doute sur le caractère nuptial de la vision, les suivants nous montrent la même expérience dans le symbole de l'ingestion. Firmicus Maternus atteste une formule mystique du culte d'Attis : « J'ai mangé du tympanon, bu du cymbalum, j'ai porté le kernos (vase de terre contenant les prémices) ; j'ai appris les mystères ; je suis entré dans la chambre nuptiale et devenu un initié d'Attis. » Porphyre, dans son écrit *De la Continence*, cite d'un ouvrage perdu d'Euripide les paroles suivantes que le chœur adresse à Minos : « Je mène une vie sainte depuis que je suis l'initié d'Ida et le pâtre des bœufs de Zagreus le nocturne. Et après avoir tendu le flambeau à Rhéa, la mère des monts, et avoir apprêté le mets de viande crue, je suis devenu Curète, un bacchante ! » La formule dite éleusienne est la suivante : « J'ai jeûné, j'ai bu le mélange, et je l'ai pris dans la boîte et après avoir accompli cela, je l'ai mis dans le panier et je l'ai remis dans la boîte. » (Le dieu dans la boite est ici le serpent.) Ou encore : « Moi, le chevreau, je suis venu au lait. » La signification du geste de boire du lait dans un récipient prévu aux mélanges, un acte d'initiation dans presque tous les cultes secrets, s'explique, pour les mystères éleusiens en particulier, par sa transition vers la légende cultuelle ; Déméter, qui menait son deuil à Éleusis, refusait tout aliment ; les plaisanteries d'une esclave finissent par la faire rire et elle boit le mélange d'orge, d'eau et de menthe. – De même, on séparait dans le culte de Mithra les différents degrés d'initiation d'après les aliments que l'initié embrasse (comme nous pouvons le dire maintenant) à chacun d'eux. Au quatrième degré, celui de la « Lionne », on lui donne pour la première fois du miel, au cinquième, celui de « Persée », il se nourrit de lait et de miel. « Bois le lait et mange le miel avant le lever du soleil et tu verras la divinité. »

De tels témoignages, incontestablement appropriés pour montrer le repas mystique sous le jour d'une union, ne nous permettent cependant pas de deviner les frissons intérieurs qui seuls feraient effectivement du repas mystique ce qu'il est censé représenter, à savoir la conception du dieu, suivie d'une génération d'images. Pour prendre connaissance de ces frissons, nous laissons les rites organisés par les prêtres pour nous intéresser aux rites orgiastiques. – Dans les poèmes sacrés des Orphiques, un thème revient constamment, sous des formes multiples : la divinité originelle, mise en morceaux par l'acte tragique, se serait répandue par le monde pour finir par renaître de cette dispersion infinie. Ainsi, nous entendons parler de la dissémination de l'être originel, Phanès ; Zeus se serait emparé d'un reste de celui-ci, et sous forme de serpent il aurait engendré, par son union avec Perséphone, Dionysos-Zagreus. De celui-ci on raconte qu'enfant, il avait été victime de la ruse des Titans. Ils mirent entre ses mains un miroir afin qu'il soit plongé dans la contemplation de soi-même ; alors, ils se jettent sur lui ; il se métamorphose en un lion, en un dragon et enfin en un taureau, qu'ils finissent par déchirer et par dévorer. La foudre de Zeus les réduit en cendre ; la race humaine, qui naît de ces cendres, est ainsi de descendance en partie dionysienne, en partie titanesque. Le cœur de l'enfant est cependant sauvé par Athéna. Zeus s'en empare et engendre avec Sémélé le nouveau Dionysos.

De tels récits légendaires, qui ne manquent pas d'artifice, la science scolaire de préférence ne retient que ce qui manifestement relevait en eux d'une intention théologique conduisant par chemins tordus vers ces panthéismes (toujours intellectuels) qui, les premiers, ont encouragé la pensée rationnelle à mener sa guerre d'extermination contre le monde des sens et déclenché ainsi l'événement unique qu'est la philosophie grecque. Mais pour la compréhension de l'âme archaïque, les motifs utilisés sont infiniment plus révélateurs, à savoir : la métamorphose magique, dont nous avons déjà parlé ; le motif du miroir, que nous rencontrons également dans la légende de Narcisse et dont on usait aussi, par exemple, dans le corybantisme ; puis l'idée de la régénération, déjà suffisamment commentée ; et, enfin, la mise en morceaux de l'être démonique qui nous rappelle immédiatement les légendes d'Orphée, ou d'Osiris et encore mainte autre, y compris par le motif de la double dévoration. Ces motifs, et eux seuls, renvoient à des expériences vécues. À savoir que le déchirement et l'ingestion ont pour fondement l'acte orgiastique du déchirement du dieu, attesté par des représentations figuratives et des rapports objectifs pour toute la sphère des fêtes extatiques cultuelles. Nous savons que dans les fêtes bachiques des Grecs, représentées sur de beaux bas-reliefs antiques, des Ménades enlacées de serpents déchiraient des boucs. La communauté crétoise des initiés de Dionysos déchire un taureau réel de ses dents et le dévore, court en délire et emporte le cœur dans une boîte. Saint Nilus (mort en 430) rapporte que des tribus de

Bédouins déchirent un chameau entre le lever de l'étoile du matin et celui du soleil et le dévorent de manière sanglante. En Algérie, le déchirement d'un agneau semble encore de nos jours être une coutume lors des grands jours de fête ! – Mais même la théogonie déjà citée révèlerait que l'animal sacrifié était aux yeux de l'extatique une image *du dieu lui-même*, si cela n'était suffisamment attesté par les mythes originels et le fait que, dans exactement les mêmes images, le dieu toujours masculin s'unit à la femme symbole de l'âme humaine qui s'abandonne à lui. Bacchos marche sous forme de taureau devant Penthée métamorphosé en Ménade. Au milieu des sons de trompette, les femmes éléennes invoquent le dieu au pied de bœuf afin qu'il surgisse de l'onde : ἄζιε ταυρε ! Pasiphaé s'unit par l'art dédaléen au bœuf de Poséidon et accouche du Minotaure. C'est sous forme de taureau que Zeus enlève Europe. Lorsque le rai de la lune tombe sur une vache en rut, elle accouche, selon les Égyptiens, du taureau d'Apis, c'est-à-dire d'Apis lui-même. Ce sont enfin les rites sacrificiels du Mexique ancien qui, justement en vertu de leur égarement dans le trop concret, le grossier et l'exagération grotesque, symbolisent de manière crue l'idée principale de tout ce processus. On sait que pour la plus grande fête sacrificielle des Aztèques, la victime humaine fut souvent choisie un an à l'avance. Plus le moment de sa fin approchait, plus on lui rendait de grands honneurs, jusqu'à ce qu'il finît par être *vénéré comme la divinité même* à laquelle il devait être immolé. Les participants du repas tout aussi orgiastique furent à leur tour des dévorateurs-de-dieu et leur repas aussi est l'expression de l'entrée d'une âme divine dans les initiés, qui se divinisent ainsi eux-mêmes.

À celui qui est saisi par l'extase, le démon apparaît dans le symbole du bouc, du taureau, du serpent, d'un être hybride, mi-homme mi-taureau par exemple, ou aussi sous forme humaine ; et le déchirement violent ou l'ingestion ne sont que le mode le plus déchaîné de sa fusion avec le démon : en le concevant, il s'abandonne en même temps à lui. Désormais il est « plein du dieu », il est « *entheos* » (κατεχόμενος, ἐνεργούμενος, *numine afflatus*), rempli du dieu ou « possédé » ; il est lui-même le taureau ou le bouc[25], il est devenu un avec l'âme de l'univers, qui dans les images ardentes d'une plénitude débordante se renouvelle constamment à l'ombre de la mort. Du côté de l'initié, l'ingestion signifie accueil ou conception du dieu, du côté du démon, son versement dans les âmes des initiés. Le déchirement de Dionysos-Zagreus par les Titans dans la théogonie orphique et la renaissance ultérieure distribue sur deux événements mythiques distincts ce qui dans l'initié constitue les deux pôles de son expérience : à l'ingestion du dieu en tant que sa conception succède la naissance de l'image, dotée d'âme et dotant d'âme. Nous nous souvenons des vers de Goethe :

> Essaimez alors vers toutes les régions
> Après un tel repas sacré !
> Enthousiasmés percez vers d'autres zones
> De l'univers et comblez-les !

Nous avions donc raison de souligner (au premier chapitre), parmi les pulsions amoureuses, l'importance de la pulsion d'absorption.

Mais notre excursus sur les orgies semble susciter une interrogation. Si dans les gestes d'apparence sobre, comme celui de boire dans le vase des mélanges ou de rompre le pain ou d'autres semblables, le néophyte semblait effectivement dépourvu de ces frissons dissolvants qui seuls lui permettraient de ressusciter en tant que « in aeternum renatus », le déchirement extatique, qu'il s'exerce sur l'homme ou seulement sur l'animal, fait en revanche l'impression d'un excès et d'une sauvagerie effroyable, et nous nous demandons spontanément si une expérience qui s'accomplit dans la vision de la réalité des images doit nécessairement s'exprimer dans de tels actes de destruction. Est-ce que, dans l'ivresse de la fête, le repas et la boisson « habituels » ne suffiraient pas à dispenser à l'homme parfaitement élémentaire le sacre de l'union ? La réponse est que l'excès n'est certes pas obligatoire. La violence des expressions ne fait qu'accompagner *un* type de l'extase et non l'abandon de soi de manière générale. Mais chaque fois que celui-ci se produit dans des tourments aussi horribles, il avait dû vaincre un obstacle et ne pouvait avoir lieu qu'après l'élimination de celui-ci. Nous touchons là un fait par ailleurs fondamental.

Ce qu'un homme accomplit extérieurement, que ce soit voulu ou non, n'est jamais autre chose qu'un processus de la vie intérieure qui s'est concrétisé de manière réactive dans un choc avec le monde. Si l'initié doit déchirer le dieu pour entrer avec lui dans un rapport de polarité, cela signifie qu'il ne parvient à la dépossession de soi qu'après avoir anéanti son soi de manière violente. Les nombreux exemples d'autoflagellation, d'automutilation, voire d'autodestruction dans les cultes orgiastiques, nous fournissent la clef du sens ultime du déchirement extatique en général, qui est une extériorisation de tensions intérieures extrêmes. Mais, tout en étant encore capable de succomber à l'appel du dieu, seule une âme déjà dissociée de l'image originelle – parce qu'emprisonnée déjà dans le cachot du moi – a besoin de telles pratiques. Les boissons enivrantes, les cymbales, la cornemuse, les fifres, les tambours magiques sont autant de moyens qui anesthésient la conscience réflexive et aident l'âme plongée dans une ébullition volcanique à se libérer des liens non pas, nous le répétons, du corps, mais du moi, de la volonté et de la raison diurne. L'esprit de l'initié, au lieu de se fondre comme dans le rêve, est comme brisé dans le ressac du sang ; et *l'expression* immédiate en est le déchirement réel d'un corps vivant.

C'est pourquoi toute orgie sanglante scintille dans une lueur ambiguë et mystérieuse, ce qui fut le prétexte pour la dissocier par principe – mais à tort – des cérémonies de recueillement et des sacres censés être plus silencieux comme ceux des mystères d'Éleusis ou d'Isis. Livré, dans un auto-anéantissement extrême, à l'assaut des chœurs de démons, le ravissement des Ménades apparaît en même temps comme un titanisme révolté par lequel son porteur succombe, comme par une autonomie démonique, à une folie de destruction ; tantôt c'est Agaué, l'aveuglée bachique, qui assassine son propre fils, tantôt c'est Néron, qui, ivre de fatalité, met le feu dans la « ville éternelle » en chantant des dithyrambes au milieu d'une mer de flammes. Quel changement peut bien s'être opéré dans le cœur de l'âme ? Et si ici un processus s'annonçait, qui pourrait bien se terminer par la perversion du sens de l'extase ?

Cette perversion avait commencé depuis qu'il existait de tels délires et des sacrifices sanglants, mais aussi depuis qu'il existait des ordres et des mystères secrets. Dans la dissociation entre âme et corps, qui commença aux temps préhistoriques, la multiplication des sacrifices sanglants traduit la pression répulsive dirigée contre l'âme, et les attitudes toujours plus cathartiques traduisent celle dirigée contre le corps. Même si cela peut étonner : le cannibalisme du Mexique antique et les enfants brûlés vifs au service de Moloch, d'un côté, et l'orphisme qui évolue vers le platonisme, de l'autre, ne sont que deux expressions divergentes de la même dissociation des pôles de la vie. La dernière de ces deux impasses, l'impasse non sanglante et prométhéenne, aboutit à la croyance, vidée de toute sensibilité, en la réalité des contenus notionnels ; la première, l'impasse sanglante et héracléenne, aboutit à la priorité des fins sur les causes et finira, après d'effroyables massacres, par l'atomisation totale ; comme par ailleurs le nombre des victimes humaines sacrifiées à la religion volontariste du christianisme est largement supérieur à celui du cannibalisme aztèque ! Suivant la légende grecque du déluge universel, nous avons donné à l'humanité originelle le nom mythique de « pélasgienne », et dans l'humanité deucalionienne, nous avons poursuivi seulement les traits par lesquels, à ses débuts, elle se rattachait à celle-là. Mais nous devons consacrer maintenant quelques mots aux caractéristiques les plus importantes par lesquelles même la phase préparatoire de « l'histoire », et à plus forte raison la culture de l'Antiquité, a dévié du vrai pélasgisme, ou plutôt : évoquer leurs émanations, qui prennent d'autres directions tout en provenant d'un seul faisceau originel. Pour ce faire, nous revenons sur les mystères d'Éleusis.

D'après l'opinion dominante dans l'archéologie, tout ce que nous avons expliqué par un recours aux mystères d'Éleusis serait erroné ; car dans ceux-ci, il ne s'agirait ni de ce que nous appelions « l'éternité de la vie », ni même d'immortalité, mais de la garantie d'une vie bienheureuse après la mort ! Puisque l'hymne à Déméter dit bien :

> Bienheureux celui qui a vu ceci
> Parmi les hommes qui habitent la terre !
> Mais celui qui aux cérémonies
> Sacrées ne participe pas
> N'aura pas le même sort
> Dans les ténèbres de la mort !

L'immortalité est donc déjà présupposée et seule la *manière* de la pérennité est en cause ! Une inscription tombale du deuxième siècle chrétien annonce même ceci :

En vérité, les dieux bienheureux
Annoncent un beau secret :
La mort n'est pas un malheur
Mais une faveur faite aux mortels !

Quelques remarques s'imposent tout d'abord : partout où l'idée d'immortalité, à quel moment que ce fût, s'était imposée, le désir passionné des hommes se dirigeait vers une immortalité *agréable* ; et partout où un ordre secret prend en compte les désirs d'immortalité de ses membres, il promet immanquablement une félicité future. La béatitude, en d'autres mots, va de soi, du moment que la vie qui motive les mystères est une vie future. Cependant : la certitude de cette béatitude avait été obtenue par le réveil de la vision, alors que la projection de la béatitude dans une vie future est, en revanche, l'œuvre d'une mystification des esprits que nous devons encore caractériser rapidement.

Il suffit de méditer pendant quelques instants les oppositions suivantes pour saisir concrètement qu'elles s'excluent réciproquement : les désirs d'immortalité d'une part et l'éternisation de la vie d'autre part ; les soins pour le mort conservent quelque chose qui a réellement été, la foi en l'immortalité promet quelque chose qui n'a existé jamais et nulle part ; ceux-là s'adonnent au passé, celle-ci aliène même du présent, et, profondément en conflit avec ce qui a disparu, sacrifie à l'avenir, qui ne peut être saisi que dans son concept, le seul élément qui soit éternel, l'instant embrasé de vie ; ceux-là jaillissent de l'amour des vivants concrets pour les images claires obscures de la vie, et transposent ses porteurs dans le cercle éternellement changeant de la nécessité ; avec celle-ci, l'hybris égomaniaque d'individus déracinés s'enfuit devant l'horreur de la finitude dans le pieux mensonge de la pérennité de l'être isolé. En bref, et dit de manière crue : la mentalité liée au culte des morts se demande : que sont devenus ceux qui *furent* et comment peut-on améliorer leur sort ? ; la mentalité liée à la croyance en l'immortalité se demande : qu'adviendra-t-il *de moi* quand je ne serai plus et comment puis-je acheter une pérennité joyeuse ?

La foi en l'immortalité procède donc de l'égomanie, et cela signifie que le moi occupe la place de l'âme, et que la volonté d'exister occupe la place de la vie. Volonté d'exister égale hostilité à l'égard des images et vise la décorporation. (« Car tout doit tomber en néant – S'il veut persister dans l'être ! »). Plus cette volonté s'affirme, plus le sens de l'expérience extatique se modifie, avant de finir par mourir : la dépossession de soi devient une aliénation de la vie et l'union avec l'univers par le dépassement des barrières objectives devient une fuite hors de l'univers par le dépassement de l'attachement au corps. Devant cette brisure intérieure, l'orphisme s'est réfugié dans l'idée hallucinatoire du corps comme prison de l'âme ; elle seule, bien entendu, a donné lieu aux systèmes gigantesques d'une philosophie leurrée par l'esprit, dont la structure contradictoire peut se comparer à l'entreprise d'un grand architecte qui ébauche les plans les plus géniaux tout en se proposant, malheureusement, de ne pas se servir de matériaux terrestres pour ses constructions ! Mais cela sort de notre propos.

Telle est donc l'histoire du refoulement du corps. Pour mieux comprendre le refoulement de l'âme qui lui est complémentaire, nous proposons la réflexion suivante. De la source du passé, qui est saturée d'essence, nul chemin ne mène au néant inessentiel de l'avenir. Or, l'orientation vers le futur va de pair avec le détournement du passé ; celui qui est devenu quelqu'un qui espère est en même temps devenu quelqu'un qui s'enfuit. Quand quelqu'un espère joindre le ciel après sa mort, il craint au même titre l'enfer. Préservant son moi dans l'espoir et la crainte, il s'est détourné de la source originelle éternellement sourdante, qui lui a *prêté* seulement la vie (la tournure *Verleihen des Lebens* est éloquente !) ; ainsi, l'Euménide maternelle s'est transformée pour lui en une Érinye vengeresse. Les âmes des morts, que la froide égomanie n'alimente plus, deviennent des vampires sanguinaires que l'on tente vainement d'apaiser par des hécatombes d'animaux et d'hommes. Le nerf central de tous ceux qui ont succombé à cette folie qu'est la croyance en l'avenir, est l'angoisse : l'angoisse de la mort, l'angoisse de demain, l'angoisse en général, car c'est l'angoisse de la prochaine minute, l'angoisse qui vient du sacrilège d'avoir gâché sa vie et qui, même à une époque où toute croyance aux fantômes est morte, prospère en tant que « mauvaise conscience ».

> Tel je fus avant de chercher dans l'obscurité,
> Et de me condamner et le monde par une parole sacrilège.
> Maintenant l'air est rempli de fantômes à un point tel
> Que personne ne sait plus comment leur échapper.
> Même si le jour clair et raisonnable nous sourit,
> La nuit nous enveloppe dans des phantasmes ;
> Nous rentrons joyeusement des prés du printemps,
> Un oiseau crie – qu'est-ce qu'il crie ? Malheur.
> Enjôlés du matin au soir par la superstition :
> Cela se produit, se manifeste, nous avertit.
> Et intimidés ainsi, nous restons seuls …

La contrepartie de la « félicité céleste » s'appelle l'enfer sur terre, et la forme la pire en est l'état de veille de la volonté éternellement désirante, privée de manière ahasverienne de tout sommeil, – aussi bien que son auto-étourdissement dans le service de Mammon ! – Nous laissons au lecteur le soin d'appliquer ces révélations sur maint détail cité plus haut, et notamment sur les caractères distinctifs de l'humanité « historique ». – –

Nous n'aurions rien à ajouter si nous ne devions craindre que le doute que l'on a certainement éprouvé à la lecture du début de ce chapitre ne soit pas encore entièrement écarté. Dans quelle mesure en effet, pourrait-on nous demander encore, les soins prodigués au mort à l'époque préhistorique, n'attestent-ils *pas* une croyance en l'immortalité ? Même si le Pélasgien n'a pas vu l'âme dans les choses, mais dans les images, ses rites funéraires montrent pourtant qu'il attendait une survie au-delà du corps sensible de la part de ce qui lui semblait être l'âme. – Nous attirons l'attention du lecteur sur nos arguments contre cette conception des faits, puisque, plus que toute autre explication, ils peuvent servir à exposer de la manière la plus nette notre doctrine de la réalité des images.

On comprend, premièrement, que si les images sont quelque chose qui est en flux permanent, un jugement d'ordre « existential » ne pourra leur convenir que de façon parabolique. Image égale mutation ; mais mutation n'égale *pas* « existence ». La réalité des images – la plus réelle, ou plutôt la seule qui existe – est un éternel va-et-vient, croissance et déclin, embrasement et extinction. À la différence de l'*être*, qui est détaché du temps, elle n'est pas pensée par des notions, mais dans des symboles, dont nous avons découvert plusieurs exemples. Des choses et des personnes *existent*, mais les images, et elles seules, *vivent*, et la réalité du vivant est par essence fondamentalement différente du caractère pensé de l'existant. – Deuxièmement : récepteur de l'existant est l'esprit réflexif, qui est commun à tous les êtres doués de la faculté de penser et qui accomplit les mêmes actes dans des répétitions indéfinies ; récepteur de l'image est l'âme douée de vie propre, dont la vision désintellectualisée ne se répètera jamais une autre fois de cette façon précise. Le monde des images s'enflamme par conséquent dans le seul *éros visionnaire de celui qui les vit.*

Ladite pérennité, c'est-à-dire, en réalité, la présence vivante, que le Pélasgien réclame pour l'âme de ses morts, jaillit d'instant en instant du rapport érotique élémentaire entre les défunts et les vivants concrets. L'âme de l'image se meurt quand elle s'éteint dans les âmes de ceux qui la commémorent !

C'est ici la racine la plus profonde de la *cure* de l'âme, qui autrement reste incompréhensible. La coutume de l'adoption, très pratiquée dans l'Antiquité, en Chine et chez les hindous, s'inscrivait et s'inscrit toujours dans le culte des ancêtres ; son but est de laisser un descendant qui offre le sacrifice dû à ses propres mânes. – Nous en retirons l'enseignement, en troisième lieu, que les mutations de l'âme dépendent de manière essentielle des mutations de son culte. L'« ancêtre » et « l'esprit protecteur » de la maison s'alimentent de la profondeur et de la plénitude de l'adoration vivante que les habitants en chair et en os lui vouent ; ils dépérissent et disparaissent lorsqu'ils l'oublient. Quand l'humanité dans son ensemble aura perdu le don de la vision, les derniers épigones entendront immanquablement le cri de deuil qui ébranle l'âme : « Le grand Pan est mort ! »

Résumons : dans l'émoi extatique, la vie vise à s'affranchir de l'esprit – l'accomplissement consiste dans le réveil de l'âme, et le réveil de l'âme est la vision – la vision voit la réalité des images originelles – les images originelles sont l'apparition des âmes du passé – pour apparaître, elles ont besoin de se lier au sang de vivants en chair et en os – ce lien s'établit dans l'événement de la vision qui est l'union mystique entre l'âme réceptive du voyant et le démon procréateur – « revenu à soi » l'homme extatique *sait*, s'il peut se souvenir : que le monde des faits n'est qu'un phantasme difficile à déchirer, que le monde des corps est un monde de symboles, que les naissances de la vision engendrée par le monde originel sont le réel authentique, face auquel l'éphémère et la mort sont des métamorphoses. –

On comprend maintenant sans doute pourquoi la doctrine platonicienne des idées a pu attirer les enthousiastes et les poètes comme nulle autre philosophie ! Issue de la théologie orphique, elle semble offrir le sens le plus intime de celle-ci dans le langage de la conscience supérieure. Étant donné que selon elle aussi l'amant bénéficie de la vision anamnésique, et même en compagnie de la personne aimée (!) ; lui aussi obtient, de cette manière même, la « vie éternelle » et réintègre la divinité originelle ; et ici aussi, le discours s'orne magnifiquement des paraboles de la procréation et de la naissance intérieures ! Cependant, cette *seule* phrase : que l'objet de la vision est cet « Être immatériel, sans couleur et sans forme, qui existe réellement », révèle au lecteur avisé que la réalité des images toujours instantanées a été remplacée par le monde mensonger, intemporel et pérenne des notions hypostasiées, ce qui fait que la prétendue vision s'évapore en – acte dialectique de la raison !

VII. CONCLUSION : ÉROS ET PASSION

Nous n'avons plus qu'à ajouter un mot, mais auparavant nous rappelons un fait depuis longtemps oublié. Nous connaissons les associations d'intérêts du grand nombre, qui, sans exception, reposent toutes sur la « volonté de puissance », ce principe hostile à la vie ; nous connaissons les associations sentimentales d'individus, fondées sur l'amitié, la camaraderie, la dépendance sexuelle ; et nous connaissons enfin l'association idéelle, la plus noble que nous puissions atteindre et qui se fonde sur l'enthousiasme voué à une cause supra-personnelle, celui-ci provenant à son tour d'une affinité vitale entre les caractères. Mais même la forme la plus désintéressée de la communauté idéelle, la conscience raciale qui se nourrit du sang de sentiments tribaux immémoriaux, s'avère, après un examen plus précis, comme déjà entachée de ce signe de dégénérescence qu'est le penchant vers l'abstraction ; partout où elle s'est manifestée, elle avait en effet déjà franchi le pas vers l'esprit partisan mû par de simples doctrines, des convictions ou des formules éthiques ; c'est pourquoi le langage quasi populaire désigne non sans raison le rapport le plus vivant que nous connaissions par le terme d'« idéalisme » ! Pour qu'il en soit préservé, il faudrait que ses adeptes connaissent ce vers quoi aspirait le culte d'Éleusis à l'époque primitive, mais qui probablement ne fut jamais atteint, à savoir la fraternité du sang, *renouvelée* par l'union dans le mystère de l'éros. Car cela seul, comme nous l'indiquerons pour finir, serait l'éros cosmogonique.

Que l'on se souvienne de l'événement de la vision tel que nous avons essayé de le décrire, et que l'on y ajoute maintenant l'idée que *deux* êtres le subiraient *ensemble* : les deux êtres seraient alors liés de manière sympathétique par l'événement portant le nom d'éros cosmogonique. Inutile d'insister, une fois encore, sur le fait que celui-ci ne s'accomplit jamais dans l'union de leurs corps ; mais comment pourtant il se produirait, seul celui que le miracle a transformé et mis au rang des dieux pourra le révéler sans commettre un sacrilège. Si cette chose inouïe se produisait entre *deux* êtres seulement parmi des centaines de millions, le pouvoir de malédiction de l'esprit serait rompu, le cauchemar effroyable de l'« histoire universelle » se dissiperait et « le réveil fleurirait dans des flots de lumière ». –

En revanche, nous pouvons élucider en peu de mots le mystère de l'amour qui « triomphe de la mort », que l'Antiquité ignorait complètement. – Aux yeux de l'épopte, disions-nous, la corporéité est le symbole de l'âme du monde, prodigue du flot incessant des images. Or, celui qui n'est pas seulement « amoureux », comme on dit, mais qui est possédé au plus profond par sa passion – on pense par exemple à l'amour de Solveig pour Peer – représente lui aussi, par rapport à l'objet de son amour, un initié doué de l'œil du dieu cosmogonique devant lequel l'écorce se brise et l'enveloppe du corps s'embrase dans la transparence des âmes élémentaires. Bien qu'enflammé par son unicité, il *pénètre* l'humanité de l'être aimé par le rayon d'un regard dans lequel se dresse son démon. Ce fait – commun à l'éros de l'Antiquité et du Moyen-âge germanique – n'empêche pas que la magie du reflet archaïque passe, dans sa pérégrination, d'une personne à une autre. Même la durée la plus courte de l'union érotique ne contredit pas l'intériorité la plus épanouie et justement le don excessif serait parfaitement compatible avec l'abandon, fût-ce celui de l'hétaïre. –

Mais plus le moi s'est uni étroitement à l'âme dans l'objet de son amour, densifiant son essence en un « caractère » étanche, plus le danger augmente que l'éclair de la vision soit dévié et emprisonné par le mystère tourmentant d'une *personnalité*. On a inversé le symbole et *à la place du dieu*, on vénère une personne. C'est ce qui se passe dans l'« idolâtrie » et par elle commence la tragédie de l'éros. Voué à confluer avec la flamme de l'image, désormais il la cherche en vain dans le soi humain de l'être aimé, voulant attacher à un être spirituel et conserver dans la durée de l'Être ce qui ne peut vivre que dans la flamme libérée et libératrice de l'éternité de l'instant, qui est, elle, étrangère à toute possession. Ainsi naît le pathos de la « grande passion » qui contraint les amants à se jurer fidélité « jusqu'à la mort », jusqu'au-delà de la mort, ce qui, métaphysiquement parlant, signifie une fatalité. Car, quand cette passion mène au pseudo-accomplissement de la possession physique, tôt ou tard elle se consumera (Faust et Marguerite !) ; mais quand les amants sont séparés, trahis, vendus, ils sacrifient, certes, leur vie sans hésiter ; mais nul sacrifice, aussi héroïque soit-il, ne triomphe de la mort toute-puissante. En dépit des différences, la « grande passion » ressemble à « l'amour de Dieu » (auquel elle reste supérieure par sa participation plus profonde au sacre de l'éros) en ce qu'elle aussi jette ainsi un pont vers la croyance en l'immortalité : de ce qui ne s'est accompli ici, on espère l'accomplissement « là-bas ». – Mais l'« immortalité » n'est que l'accomplissement hallucinatoire de souhaits impossibles à combler, et le destin du monde, pour lequel l'humanité entière n'est qu'une goutte dans l'océan du temps, s'avance implacablement et broie sur son passage les amants sans salut. Le nimbe de sublimité qui les entoure à juste titre ne doit pas nous faire oublier qu'ils sont condamnés à *laisser la vie sans échapper à leur soi*. – Et ainsi nous nous détournons de l'image angoissante de la grandeur humaine torturée, pour diriger notre regard vers la clarté divine dont le souffle contient le monde, telle que l'a conjurée le poète :

> Quel miracle enflammé transfigure les ondes
> Qui l'une contre l'autre se brise en étincelles ?
> Partout je vois ardeur, mouvement et lumière :
> Les corps vont s'embrasant dans leur course nocturne,
> Tout autour est plongé dans les flammes du feu ;
> Que l'Éros règne donc, qui tout a commencé !

APPENDICE

NOTES

[1] L'importance éminente de cette citation de Nietzsche a été révélée à l'auteur, il y a maintenant plusieurs décennies, par Alfred Schuler, l'homme le plus initié dans les mystères de l'Antiquité qu'il eût jamais rencontré. Un échange intellectuel poursuivi pendant de longues années avait provisoirement conduit nos recherches sur des voies parallèles, ce qui fait qu'il est difficile, voire impossible, de préciser aujourd'hui l'auteur de telle ou telle formulation caractéristique. Il est cependant certain que c'est de Schuler que provient l'expression « éros du lointain », que nous introduirons plus loin, aussi bien que le terme de « Hälftenhaftigkeit » (scission dualiste) dont nous nous servons à la page 100. Ce fut également lui qui, à la fin du siècle dernier, donc à une époque où cela n'était pas encore une mode, explorait le *Faust II* à la recherche d'affirmations « essentielles » en éclairant la profondeur obscure d'un grand nombre de passages et dont certains concourent à corroborer les résultats de nos propres recherches.

Pour compléter notre tentative, entreprise plus loin, de situer la mystériologie de Schuler dans l'histoire de l'archéologie jusqu'à nos jours, il convient de tenir compte d'une circonstance qui fait de tout essai de ce genre nécessairement un pis-aller. Car le savoir dont il est question ici (le mot compris dans son sens intégral d'une « gnose »), matériau le plus précieux à la construction du métaphysicien, n'a pas la même valeur pour celui qui le construit que pour celui qui l'a trouvé. En Schuler nous rencontrâmes un phénomène probablement sans exemple parmi les contemporains et qui même dans l'histoire universelle est certainement très rare. Il s'agit du retour parfaitement indubitable de frissons vitaux provenant d'une époque antérieure, ou, pour nous exprimer de manière plus symbolique, de la réincarnation d'étincelles non éteintes provenant d'un passé lointain ; le porteur de cette réincarnation n'aurait par conséquent jamais pu s'accomplir dans des œuvres, mais seulement dans la refonte de tout ce présent asséchant dans l'évocation magique d'un jadis. Et seulement parce que celui qui, né, en ce sens, une seconde fois, reçut en même temps la capacité d'en prendre profondément conscience, il a pu déchiffrer le sens caché de plus d'une rune préhistorique et confier de manière aussi profuse qu'arbitraire à sa parole ce qui pour lui était le présent presque naturel d'une filiation ancestrale *vécue*. –

[2] Pour plus de précisions, on peut se reporter au chapitre « Le porteur de la conscience » dans notre ouvrage *De la Nature de la conscience*. On trouvera une présentation plus approfondie du même problème dans notre *L'Esprit en tant qu'antagoniste de l'âme*.

[3] En cela, nous ne faisons que reprendre une des convictions les plus anciennes d'à peu près toute l'humanité. Le fait de devoir travailler pour vivre désigne la part mauvaise de la malédiction jahviste chassant Adam et Ève du paradis, lieu de l'accomplissement sans peine. – Ponos signifiait chez les Grecs aussi bien travail que peine et besoin. De même, *Arbeit* (travail) signifiait à l'origine peine, souffrance, et fut employé dans la tournure « subir/souffrir du travail » (*Arbeit leiden*). Le Germain laissait ce travail à l'homme non libre et le mot reçut ainsi le sens secondaire de « travail de serf » (*Knechtsarbeit*). La notion de travail était donc indiscutablement rattachée à l'idée de contrainte, et le travail forcé le plus inévitable qui soit est celui entrepris pour assurer la simple subsistance. C'est seulement du moment que ce type de travail a été imposé à de grandes masses de personnes que des doctrines hostiles à la vie ont vu le jour, selon lesquelles le travail comme finalité en soi s'auréole d'un sens supérieur. C'est contre ces doctrines que nous dirigeons notre critique ; mais elle ne plaide aucunement en faveur de la fainéantise ! L'oisiveté *cum dignitate* n'était possible que dans l'Antiquité et, de nos jours, tout au plus chez des « peuples naturels » marginaux ; chez l'homme « civilisé », elle signifie en revanche une maladie réelle de l'âme, même si elle n'est certes pas toujours « la racine de tous les maux ». Le « jouisseur » oisif des grandes villes se situe ainsi à un niveau de vie encore plus bas que le travailleur de force. Le type de travail qui soit relativement le plus naturel à l'homme actuel et, pour cette raison, le plus heureux, est celui du travail *au service d'une œuvre*, motivé par *l'envie de la performance* et ponctué de pauses rythmiques consacrées à l'enthousiasme festif. Car un travail ainsi compris n'est qu'une des formes que revêt la passion.

[4] D'après la description, influencée par Nietzsche, qu'en fait Rhode dans son livre *Psyche*, tome II, chapitre 2.

[5] De telles interprétations d'attributs symboliques ne doivent jamais être comprises comme la traduction d'un contenu symbolique en un contenu de jugement. Même un nombre infini de jugements justes n'épuise pas le symbole, aussi peu qu'ils n'épuisent la réalité elle-même ! Par rapport au symbole, le concept peut seulement apporter un éclairage unilatéral, valable uniquement pour la raison. – Le caractère originel d'un symbole

est par ailleurs indépendant de son antiquité. L'arc comme attribut d'Éros n'apparaît qu'au quatrième siècle (mais dès lors souvent, avec le flambeau, dans des contextes funéraires), alors que les attributs de loin les plus anciens du dieu sont la fleur et la lyre. Mais cela ne diminue pas l'authenticité symbolique de l'arc.

[6] *Cf.* Kropotkin, *Gegenseitige Hilfe in der Tier- und Menschenwelt*, p. 100. – Tout en contenant une théorie erronée, le livre fournit un grand nombre d'exemples qui illustrent le comportement symbiotique des animaux et des hommes, pris soit aux temps les plus reculés soit aux époques plus récentes.

[7] Cité d'après Böckel, *Psychologie der Volksdichtung*, p. 91.

[8] Par référence à la célèbre ballade de Schiller, la question de savoir pourquoi il est néfaste de lever le voile d'Isis a donné lieu à une discussion avec le destinataire d'une série de lettres sur la mythologie. Dans l'hypothèse où maint lecteur veuille en savoir plus, nous reproduisons ici la lettre du 25 juillet 1919 par laquelle l'auteur réfuta l'opinion tout à fait opposée du destinataire (également familier de *L'Éros cosmogonique*) sur ce point. Ce faisant, nous anticipons sur certains développements des chapitres suivants.

Pourquoi est-il néfaste de lever le voile d'Isis?

Pour répondre à cette question, il semble judicieux de s'en tenir d'abord au poème de Schiller. Même si la conclusion de celui-ci comporte un tournant moraliste sans doute étranger à l'esprit de l'Antiquité, la partie essentielle de la réponse reflète certainement à la fois la conception de l'Antiquité et celle de Schiller.

L'interprétation déjà existante – je veux dire la vôtre – n'en serait pas une à mes yeux même si l'idée qu'elle exprime était en elle-même juste, ce qu'en réalité elle n'est pas. – Isis, dites-vous, est « la mère Nature, agissante et créatrice », et celui qui lève son voile par la force serait « submergé par la plénitude du monde onirique déchaîné » et, ainsi, intellectuellement anéanti. Sans vouloir rejeter l'expression « mère Nature, agissante et créatrice », je me permets néanmoins d'indiquer ce qu'elle comporte de douteux et de dangereux. Car elle veut dire tantôt tout et tantôt presque rien ! La « nature » est, dans ce contexte, un de ces concepts vagues derrière lesquels chacun met ce qu'il lui plaît. La « plénitude créatrice » fera penser un tel à une forêt vierge, un tel à une passion amoureuse, un tel à un typhon, et un autre encore au ciel étoilé, alors que les Éphésiens, encore moins philosophes, se seraient imaginé une femme aux mille mamelles nourrissantes ! La manière naturaliste de former des concepts accuse un penchant pour les généralités qui, au fur et à mesure qu'il s'égare dans le domaine de la physique, s'éloigne du vécu. « La plénitude du monde onirique déchaîné » peut être pensée, mais elle ne peut pas être vue, alors qu'une image précise d'Isis, du Sphinx ou de l'Artémis d'Éphèse peut être l'objet du rêve, de l'imagination et même de la représentation.

Mais même si on fait abstraction de l'indétermination des termes choisis, je trouve tout à fait inimaginable – et pense que jamais on a soutenu sérieusement – que le fait d'être submergé par la plénitude de la nature provoquât une maladie de consomption qui mènerait à la mort. Car une telle submersion relèverait dans tous les cas de quelque chose d'extatique, et bien que dans l'émoi extatique un sentiment d'horreur profonde se mêle à la béatitude maximale, de nombreux témoignages, pris aux peuples et aux époques les plus divers, attesteraient que, sans souffrir d'exception, tous ceux qui ont vécu une telle métamorphose, une fois revenus à l'état de veille, se souviennent de l'instant extatique comme d'une grâce et souhaitent son retour. Apulée, initié aux mystères d'Éleusis, décrit en ces termes les sentiments que, après l'illumination, lui a procurés la vue de l'image de la déesse dans le temple d'Isis (d'après la traduction de De Jong, comme pour les autres citations de cette lettre) : « J'y restais encore pendant quelques jours et je jouissais de la vue de l'image divine, étant redevable à la déesse d'un bienfait inoubliable... Je me jette par terre devant la face de la déesse et je presse longuement mon visage contre ses pieds et je pousse des cris souvent étouffés par les sanglots : 'O toi, sainte et éternelle protectrice de la race des hommes, toujours prodigue pour réjouir les mortels, qui témoignes aux malheureux les tendresses amènes d'une mère ! Aucun jour, aucune heure de repos et même le moindre instant ne s'écoulent sans que tu ne les emplisses de tes bienfaits, que tu ne protèges les hommes sur la terre et sur la mer, que tu ne chasses les orages de la vie, leur tendant la main qui les sauve et par laquelle tu dénoues même les fils inextricables du destin, modérant la fureur du sort et retenant la course fatale des astres ! Les Célestes t'honorent, les dieux des enfers te servent ; c'est par toi que la terre décrit ses cercles, c'est toi qui allumes la lumière du soleil, qui règnes sur l'univers et dont les pieds foulent le Tartare. Les astres te répondent, c'est pour toi que les saisons changent et que les dieux jubilent, et les éléments sont à ton service. Sur un signe de ta main, les airs respirent, les nuages nourrissent le sol, les semences germent et les épis sortent de la terre. Les oiseaux qui volent dans le ciel, les bêtes sauvages qui errent par les montagnes, les serpents qui se cachent dans les recoins de la terre, les monstres qui se bercent sur les ondes de la mer, tous frémissent devant ta grandeur. Mais moi, trop faible d'esprit pour chanter ta louange, trop pauvre en ardeur pour t'apporter des offrandes dignes de toi, la plénitude des mots pour dire ce que j'éprouve devant ta grandeur me fait défaut ; et même mille bouches, même mille langues, même un fleuve éternel de paroles intarissables n'y suffiraient. Aussi ne chercherai-je qu'à accomplir ce qu'un homme pieux mais pauvre est capable de faire : je garderai ton aspect divin et ton pouvoir très saint éternellement dans mon for intérieur et éternellement devant mes yeux.' » –

De telles phrases exhalent un ravissement et un éternel souvenir. À la sensibilité de l'homme moderne, bien plus confuse à cet égard, elles évoquent peut-être des vers de Wagner, dans *Tristan et Isolde* :

> Dans le Tout
> Du souffle universel –
> S'abîmer –
> Se noyer –
> Sans conscience –
> *Volupté suprême* !

Peut-être mes développements sur l'autodéchirement extatique, sur lesquels nous reviendrons brièvement plus loin, sont-ils, par malentendu, à l'origine de l'opinion, assez incompréhensible à mes yeux, selon laquelle ce serait justement cette expérience vécue qui aurait gratifié le disciple hardi de consomption.

Si donc je ne peux aucunement approuver l'affirmation sur laquelle repose toute votre interprétation, j'en vois encore moins comment on pourrait l'appliquer au contenu de la ballade de Schiller. Le poème commence ainsi :

> Un jeune homme, mené par la soif de *savoir*
> En Égypte, à Saïs, pour apprendre des prêtres
> La *sagesse* secrète, avait, d'esprit alerte,
> Parcouru avec hâte un nombre d'échelons ;
> Mais plus loin l'entraînait *l'envie de connaissance*
> Et l'hiérophante avait du mal à modérer
> Son impatiente ardeur.

Il est donc dit clairement qu'il s'agit de l'acquisition d'un *savoir* secret. Au fond, il n'y a pas lieu de se demander en quoi consiste la nature d'Isis ou ce qui se trouve derrière le voile. *Car le poète nous le dit lui-même* : selon l'hiérophante s'y trouverait ce qui, si jamais il pouvait lever le voile, apporterait la réponse à la soif de connaissance du jeune homme, à savoir : *la vérité* ! Nous pouvons tout de même poser la question secondaire : en quoi consiste cette vérité ? Mais notre question première doit être : pourquoi est-il néfaste de vouloir lever le voile de la vérité qui se cache elle-même ?

Nous restons sans doute fidèles à l'intuition du poète quand nous appelons provisoirement *le mystère du monde* une vérité qui échappe à la volonté de savoir de l'homme, que ce soit par un enchantement magique ou parce qu'elle est protégée par la déesse la plus puissante. Conformément à l'esprit du poème, nous devons donc constater ceci : celui qui vise à lever le mystère du monde commet un sacrilège envers les droits de la déesse et doit en subir les conséquences néfastes.

Schiller dit que celui qui lève le voile de la déesse *voit* le mystère du monde. Si donc derrière le voile se trouve le noumène d'Isis, alors la déesse doit soit elle-même être ce mystère, soit être capable de le révéler de manière *visible*. Il est en tout cas indubitable que celui qui lève le voile voit le mystère. La question qui se pose immédiatement est de savoir si l'aspect du mystère est en soi néfaste pour l'homme. Avant de chercher quelles indications la ballade de Schiller fournit pour y répondre, reportons-nous à l'opinion de l'Antiquité ; nous y rencontrons deux informations qui se complètent de manière significative.

Premièrement : selon l'avis de toute l'Antiquité (comme par ailleurs de la plupart des peuples « naturels »), voir des dieux est dangereux pour l'homme. Dans l'*Argonautica* orphique, il est dit au sujet d'Artémis-Hécate (une autre forme d'Isis) :

> Horrible aux hommes est de voir
> Horrible aux hommes est d'entendre
> Si les sacres ne le protègent
> S'il n'expie pas par l'offrande.

Dans le *Livre sacré dit Monas ou le huitième livre de Moïse sur le nom sacré*, on lit ceci : « Si le dieu entre, ne le regarde pas directement, mais regarde tes pieds. » Encore plus sûrement est frappé de perdition temporelle et éternelle celui qui devient témoin des cérémonies sacrées sans avoir été initié. Ainsi, nous trouvons le récit d'un homme qui s'était introduit dans les cérémonies par curiosité, et qui, par l'horreur de ce qu'il vit, fut frappé de folie et mourut bientôt après ; et Tite-Live nous relate l'histoire de deux jeunes hommes qui, bien que leur présence involontaire s'expliquât par une erreur pardonnable, durent la payer immédiatement de leur vie.

Deuxièmement, nous savons – et le passage d'Apulée que nous venons de citer le confirme – que toute initiation s'accomplit dans l'« époptie » (εποπτεία), c'est-à-dire dans la contemplation/vision (*Schauung*). La déesse, et, partant, le mystère qui s'est refusé de manière si menaçante au non-initié, se dévoile donc à la contemplation de l'initié. Apulée dit à ce sujet : « *J'ai franchi les portes de la mort.* Je me suis approché des dieux supérieurs et des dieux inférieurs et je les ai adorés *face à face.* » Le don qui distinguait entre eux les mages, les nécromanciens et les théurges, était justement celui de supporter la vue des puissances démoniques et même de faire parler avec leur aide des morts et d'accomplir d'autres miracles de ce genre. La vue du mystère n'est donc pas néfaste en lui-même, mais seulement pour le *non-initié.* Mais en quoi consistait l'initiation ?

Schiller fait dire à l'hiérophante qu' « aucun mortel », selon les propos de la divinité, « ne dérange ce voile jusqu'à ce que moi-même je le lève ». On *reçoit* tout ce qui est sacré, c'est-à-dire que c'est la divinité elle-même qui l'attribue à l'initié. Dans tous les cultes secrets du monde, cette « réception » (*Empfangen*) est présentée comme une vraie « conception » (*Empfängnis*), comme un *gamos* avec la divinité dans lequel l'âme de l'initié représente la moitié féminine. J'ai développé, en partie dans les *Lettres mythologiques*, en partie dans *L'Éros cosmogonique*, l'idée que les noces sacrées représentent une métamorphose mystique : le voyant, recevant le dieu en lui-même (de manière générale, dans le symbole du mets rituel), devient lui-même dieu, et le mystère *n'est désormais plus en dehors de lui.* Nous comprenons ainsi pourquoi le théurge des papyrus égyptiens peut dire : « Je *suis* Osiris, appelé l'eau, je *suis* Isis, appelée la rosée ». La contemplation du mystère n'a lieu que dans l'union avec la divinité, qui, à la différence de l'union profane, n'annule pas la dualité des pôles. Mais à celle-ci, l'homme ne peut que prendre *part*, et seulement dans un état pathique extrême ; dans un état qui, par rapport à la conscience active du moi diurne, ne peut qu'apparaître comme la destruction et donc la mort de celui-ci. « J'ai franchi les portes de la mort… »

Souvenons-nous que toute la tradition des cultes secrets dut être absorbée par l'Église chrétienne primitive pour que la propagande de la religion juive fût couronnée de succès parmi les païens. « En vérité, en vérité, je vous le dis : Si vous ne mangez la chair du Fils de l'homme, et ne buvez son sang, vous n'aurez point *la vie en vous.* » (Jean 6, 54). Plus loin : « Celui qui mange ma chair et boit mon sang demeure en moi, et *je demeure en lui* » (Jean, 6, 57). Et : « Celui qui mange ma chair et boit mon sang a *la vie éternelle* » (Jean 6, 55). Communion signifie : union, c'est-à-dire union avec la divinité. Mais souvenons-nous également de ces propos : « Quiconque mangera ce pain ou boira ce calice du Seigneur indignement..., mange et boit sa propre condamnation » (Cor., 1, 11, 27-29). Dans la Cène chrétienne, exactement comme dans les cultes secrets du paganisme, la chair et le sang sacrés apportent à l'initié la vie éternelle, et la condamnation éternelle au non-initié. – Revenons maintenant à la ballade de Schiller et essayons de comprendre en quoi consiste, selon ses indications, l'indignité du non-initié.

Pourquoi au fond, le disciple veut-il lever le voile ? Par désir de connaissance ou, pour nous exprimer avec clarté, par *curiosité* ? Entre désir de connaissance et curiosité, il n'y a pas de différence fondamentale. L'un comme l'autre sont nés d'une inquiétude de la raison, et la raison s'inquiète de tout ce qu'elle ne possède pas encore. Le désir de connaissance est un désir d'appropriation, même s'il s'agit d'une appropriation par notre esprit. Celui qui veut explorer le mystère du monde veut s'en emparer (à la différence de l'initié qui s'abandonne et *dont* s'empare la divinité) ; et l'objet dont s'empare l'esprit est immanquablement désenchanté, voire détruit si son essence même est le secret. La volonté de domination par l'esprit est un *sacrilège envers la vie*, et c'est pourquoi celui qui le commet succombe à la vengeance de la vie. Cette phrase restera vraie tant que l'humanité existe, et elle s'avérera de manière effroyable lorsque l'humanité dégénérée aura fini par périr dans le désenchantement rationaliste de la vie.

Nous avons répondu à la question primordiale, et maintenant nous pouvons poser la question secondaire : que vit le disciple en réalité ? Schiller avait suffisamment de goût pour ne pas en donner une description, même si, comme nous le verrons, cela eût été possible quoique peu convaincant. Tout le poème ne permet en fait qu'une seule réponse à la question sur le sens de ce que vit le jeune homme. Le disciple vit subitement *la* vérité qui ne se montre à la raison du chercheur qu'en dernier lieu et de manière suprême. Quelle est-elle ?

Eh bien, que l'on réfléchisse à l'histoire de l'esprit et particulièrement à l'histoire des sciences à travers tous les temps et tous les peuples ; ou que l'on médite sur un seul problème jusqu'au bout, tel que la science, à son point le plus évolué, la science d'aujourd'hui, nous le présente : par exemple : qu'est-ce que la matière, qu'est-ce que la force, qu'est-ce que le monde extérieur, qu'est-ce que l'âme, *etc.*, et on aboutira, à la fin, immanquablement, au néant (c'est-à-dire à la projection du néant actif, de l'esprit), et la soif de connaissance dans sa totalité a encore chaque fois conclu sa trajectoire, après les essais constructifs de ses débuts passionnés, – dans le doute universel. La volonté de vérité rationnelle est une volonté de *déréalisation du monde*. Le disciple qui d'un seul bond atteignit *le* but que seule la curiosité de la raison peut atteindre vit la mort éternelle, le néant qui dévore le monde et l'espace !

Mais pourquoi est-ce la divinité de la vie qui le lui montra ? Même si cela peut paraître étrange au premier abord : elle *seule* peut le *montrer* aux hommes. L'esprit en soi est en dehors de la vie ; pour lui, le néant est une position et, en tant que position, il est identique au « tout ». Il ne se manifeste qu'au moment où il est renvoyé par la vie comme manque de finalité, manque de sens, comme infertilité, destruction et insignifiance éternelle sous tous les rapports. La vie elle-même apparaît maintenant sous la forme d'une autodestruction sans début ni fin. Il suffit de penser à ce que la réalité nous offre lorsque, même en dehors de toute problématique scientifique, nous nous approchons d'elle avec les exigences de l'esprit !

Nous avons atteint un état heureux et exigeons qu'il dure ; mais la durée et le bonheur s'excluent réciproquement. Et même s'il ne s'agissait pas de bonheur : quelle fin pourrait se proposer un mortel qui, de manière absolument certaine, n'aura pas péri dans un court délai ! Et lui-même, qui se propose des buts et aspire à les atteindre : dans peu de temps, il sera une poussière privée de conscience. Ou la sollicitude pour les enfants et les petits-enfants ? Les enfants et les petits-enfants aussi seront poussière et la « capacité » la plus grande sera demain une proie des mites et de la rouille. – Ou le bonheur et l'amélioration de l'humanité ? Mais à quoi bon ? Le malheur qui s'est déjà produit ne se sera pas moins produit, mais les générations futures vont maudire les biens dont on croyait les combler et les déchirer comme des chaînes. Oui, depuis cinq mille ans, la souffrance et la détresse ont augmenté dans l'humanité dans des proportions gigantesques ! Et même s'il n'en fut pas ainsi : l'humanité entière, un jour, n'existera plus ! Et avec elle seront effacés tous ses monuments, les pyramides aussi bien que les chants d'Homère et la musique de Beethoven. – Ou protéger la nature ? Dans moins de deux générations, les réserves naturelles seront capitalisées ; et même s'il n'en est pas ainsi : un jour toute vie s'éteindra sur terre, la terre elle-même va probablement se précipiter dans le soleil et se consumer dans les flammes ou s'effondrer d'une autre manière. Tout notre système solaire, comme il a commencé un jour, finira un jour ; oui, tout l'univers, y compris les anneaux de brumes à une distance de milliers d'années de lumière que seule la plaque de télescopes gigantesques peut encore refléter, a une *durée limitée*. Derrière tous les « jeux allant aux buts attirants », derrière le bruit tumultueux du jour de la vie humaine et de la vie cosmique attendent, sûres de la victoire finale, les ténèbres de la mort. Pour citer des paroles d'un mystique : « La vie s'en va comme un anneau d'ombre ; loin derrière ses tourbillons rouges se cachent le sommeil et l'obscurité ».

Ainsi la vérité de la raison qui s'accomplit, c'est-à-dire qui désespère, même si je ne fais que l'ébaucher ; plus d'une fois elle a trouvé ses adeptes sur cette terre, comme à l'époque du Bouddha, comme au siècle dernier, où un Schopenhauer, un Byron, un Leopardi (suivant, au fond, le modèle de Shakespeare) ont su reprendre avec succès la tradition du Nirvana. Ce fut cette vérité-là que la vie profanée par le disciple de Saïs lui avait révélée dans un symbole horrible. Il vit la mort éternelle, l'absurdité éternelle, la vanité éternelle ! Et tous ceux qui, comme lui, au lieu de sacrifier à la divinité, ont élu l'outrecuidance de la raison souveraine comme guide trouveront la même vérité.

Si enfin on veut se faire une idée de la nature du symbole qui pouvait communiquer cette vérité de manière si foudroyante, on peut en chercher un modèle dans la *Danse macabre* de Holbein, une des compositions les plus saisissantes qui soient ! C'est par ailleurs justement ce symbole-là que la religion a-cosmique du christianisme cherche à représenter depuis deux mille ans : le sens de la vie conçu comme auto-crucifixion de la créature. À celui qui voudrait s'en convaincre concrètement, nous recommandons de se plonger dans la contemplation de la célèbre crucifixion du peintre du Moyen-Âge Grünewald. L'atmosphère d'une absurde torture jusqu'à la mort, comprise comme l'atmosphère de la vie en général, voilà son idée profondément pessimiste. La « guerre mondiale » d'hier, avec ses millions d'hommes qui ont péri dans l'horreur et dans le sang, nous facilite peut-être la compréhension des visions d'un Grünewald. En même temps, nous nous trouverions dans la proximité des visions du disciple de Saïs.

Un *chagrin* profond l'entraînait vers une mort précoce

Pour celui qui se confronte à la réalité par l'esprit, elle n'est pas seulement tragique, mais même d'une horreur inimaginable : Gorgo Medusa !

Arrivé à ce point, il me sera peut-être permis de reprendre et de commenter la tournure particulière que j'ai donnée dans *L'Éros cosmogonique* à l'interprétation de l'image d'Isis, dérobée par un acte sacrilège. – De quelle nature est l'action que la raison exerce sur tout ce dont elle s'empare réellement ? On l'a souvent dit : elle compte, calcule, évalue, et mesure. Mais quelle en est la conséquence pour la vie ? Justement, le désenchantement ! Dans les contes et aux yeux des enfants, il y a des lacs et des fontaines d'une profondeur insondable ; la raison, elle, en « sonde » la profondeur et dit : trente brasses. Dans le mythe et aux yeux des peuples « naturels », des légions de démons chevauchent sur les nuages ; pour la raison, il s'agit d'une vapeur qui plane dans l'air, mécanique, sans âme, suivant le mécanisme du courant d'air, lui aussi calculable ; et ainsi de suite à travers la totalité du monde intérieur et du monde extérieur. Au lieu de « désenchanter », nous pouvons aussi dire, de manière positive, « réifier ». Mais ce qui est réifié peut être porté à distance de vue, peut être touché, encerclé, saisi ; d'où « saisir », « concevoir » pour désigner les fonctions de la raison, d'où, dans des époques antérieures, la profanation proprement dite, consistant dans le fait de « toucher » les images sacrées. Il apparaît donc clairement que le désenchantement du monde repose sur l'annulation de son *contenu de distance*. Les pulsions humaines relèvent de l'éros dans la mesure où elles participent de l'éros cosmique ; mais l'éros cosmique est un *éros du lointain*. Parce qu'il nie la distance, la pulsion de possession tue l'éros et, avec lui, l'aura du monde et, avec elle, la réalité elle-même. – – Mais le secret et le savoir bienheureux de l'initié est de contempler l'image sacrée à distance, tout en se fondant en elle. Il voit « rayonner le soleil à minuit ». –

[9] Bien que ce passage, comme un grand nombre d'autres, ne laisse aucun doute sur le fait qu'en aucun endroit notre critique ne vise la multiplicité des plaisirs humains, chez certains lecteurs, par ailleurs avisés, a pu naître l'opinion erronée selon laquelle mon but aurait été de discréditer la pulsion sexuelle. – Notre écrit ne traite pas du sexus, mais de l'éros, et non de l'éros en général, mais de l'éros cosmogonique. En ajoutant les développements suivants, consacrés au problème du sexus, nous espérons prévenir désormais, malgré leur caractère nécessairement incomplet, tout malentendu.

Sur sexus et éros

Étant donné que l'homme civilisé, sans le savoir ou sans même en avoir le pressentiment, est influencé dans ses jugements par le christianisme millénaire, il peut arriver que quelqu'un qui n'aurait aucun mal à admettre la doctrine pernicieuse des deux amours, terrestre et céleste, selon Platon, essaie en vain de comprendre dans quelle mesure l'éros est autre chose que le sexus. Un Schopenhauer, par exemple, n'en a pas le moindre soupçon, et un Nietzsche tout au plus un pressentiment. Il est vrai que ce dernier avait compris la capacité d'ivresse de l'âme elle-même, et donc du corps entier avec tous ses organes, mais il n'a jamais pu réellement se rendre compte qu'à ce moment, l'excitation localement isolée des organes génitaux et leur rapport particulier à la volupté pose un certain problème. – Choisissons un exemple qui, du moins pour le lecteur masculin, sera suffisamment éloquent et lui permettra de distinguer ne serait-ce que les contextes d'apparition des deux émotions.

Que l'on se souvienne de l'ivresse mêlée d'un sentiment de nostalgie, dans laquelle le premier souffle parfumé des violettes au printemps a parfois pu nous transporter ; et puis des charmes inquiétants et excitants que dégagent les regards provocateurs, les gestes et les mouvements d'une chansonnette ravissante. Il est vrai que l'on trouvera beaucoup plus de similitude entre ces deux états qu'entre l'un des deux et l'effet que provoque la nouvelle du décès d'un ami, mais on n'hésitera pas non plus à reconnaître immédiatement leur grande différence. Les deux sensations sont parfaitement terrestres, et nous nous garderons bien de juger de leur valeur intrinsèque de manière péremptoire. Mais nous voyons bien que, dans la première émotion, que par hypothèse nous considérons comme une émotion érotique (ici sans référence à l'éros cosmogonique), il y a une attirance forte, mais indéterminée, un désir (*Sehnsucht*) plein de pressentiment ; dans la deuxième émotion, dont personne ne mettra en doute le caractère sexuel, il y a un désir (*Verlangen*) non moins fort, mais spécifique, ou plutôt un désir avide (*Begierde*) et prometteur. En gardant cette distinction présente à l'esprit, nous avons le droit – et devons même – nous demander :

1. L'éros provient-il du sexus ou inversement ?
2. Éros et sexus proviennent-ils de la même source ?
3. Ou sont-ils différents selon la nature et selon l'origine ?

On atteint les limites de ce que notre époque peut concevoir si quelqu'un arrive à simplement *poser* de telles questions, au lieu de disposer, grâce au préjugé, de certitudes toutes faites et prêtes à être servies à la première occasion, sans que le moindre soupçon de leur caractère contestable ait jamais préalablement frôlé la conscience ; car c'est ainsi seulement qu'il aurait pu reconnaître des préjugés en tant que tels et vérifier d'éventuelles tentatives de solution. Confiants dans le lecteur, nous présentons la nôtre avec seulement un minimum de preuves et de manière en partie purement dogmatique, car la justification plus détaillée nécessiterait une étude à part beaucoup plus volumineuse.

1. L'opinion selon laquelle l'éros provient du sexus souffre d'une erreur intellectuelle favorisée par le fait que l'on est habitué à la notion physique de l'énergie. Mais des énergies ne sont pas des qualités et elles peuvent rester identiques dans leurs différents champs de manifestation ; et l'opinion selon laquelle le sexus pourrait, dans certaines conditions, se transformer en éros est tout aussi fondée que de penser qu'une faim non satisfaite puisse occasionnellement se transformer en soif. Ce que, surtout de nos jours, on aime appeler sexus « sublimé » est et demeure du sexus, eût-il pris la forme de l'amour idolâtre d'une vieille fille pour son chat ou son basset. Différent de cela est certainement le fait incontestable que plus on satisfait une excitation, plus on augmente le *besoin* d'excitation. Celui qui a l'habitude de manger trop a ainsi involontairement augmenté sa faim, celui qui a l'habitude de boire trop, augmente sa soif, *etc.* – Il serait plus logique de défendre l'opinion opposée, selon laquelle le sexus serait issu de l'éros en tant que restriction de la faculté voluptueuse de tout le corps à la faculté voluptueuse par le *seul* moyen des organes génitaux, bref, en tant qu'une particularisation. Nous y reviendrons.

2. Ce faisant, nous avons déjà répondu à la deuxième question par la négative. Pour le sexus et pour l'éros, il y a aussi peu une source commune qu'il y aurait un facteur tiers qui se manifesterait tantôt comme faim tantôt comme soif.

3. Reste la seule réponse défendable : éros et sexus sont de nature différente et reposent sur des fondements qui sont, eux aussi, de nature différente.

S'il en est ainsi, il doit être possible de découvrir également une métaphysique du sexus, même si l'histoire de la pensée, à ce jour, est assez muette sur ce sujet ; ses méditations passent généralement à côté du phénomène et, dans la mesure où elle y prête attention, explicitent à l'aide de la pulsion sexuelle ce qui s'inscrit dans le reste des opinions du philosophe particulier. Tandis que Schopenhauer, par exemple, sacrifie, avec sa *Métaphysique de l'amour sexuel*, à une doctrine finaliste et mythique qui semble adaptée aux besoins d'éleveurs de bétail, Nietzsche ose, il est vrai, une contre-attaque hardie : « L'importance extraordinaire de *l'instinct sexuel* aux yeux de l'individu n'est pas une *conséquence* de l'importance de cet instinct pour l'espèce, mais c'est la procréation qui est la vraie performance (*Leistung*) de l'individu et, par conséquent, son intérêt suprême, *l'expression suprême de sa puissance* » (*Volonté de puissance*, n°. 434). Mais étant donné que Nietzsche n'*essaie* même pas de démontrer cette manifestation de la puissance (de qui, à quel égard, exercée sur qui ?) dans le désir sexuel, nous devons nous résigner à reconnaître qu'il nous parle simplement de son principe de prédilection et qu'il n'a pas manqué de le retrouver aussi dans la « procréation ». – Les indications, auxquelles nous devons nécessairement nous limiter, servent toutes à élucider le *rapport* entre sexus et éros.

La différence de nature entre ces deux motions favorise la possibilité que l'une entre en conflit avec l'autre, mais elle n'exclut pas la possibilité de leur union. De grands poètes ont souvent entrepris de décrire le dernier cas, et ils y ont réussi de manière si convaincante que sa viabilité ne peut guère être mise en doute, même si l'accent le plus souvent tragique relève difficilement du hasard. Que l'on pense par exemple, pour les deux phénomènes, à Stifter. – Cela dit, nous disposons d'au moins deux moyens pour rendre plus clair à l'entendement aussi bien les cas de conflit que les cas d'union et, partant, les critères principaux des deux motions. –

Si l'éros repose sur la polarité *des « génies »*, des « archétypes » ou des « âmes » (ou comme on voudra l'appeler) de ceux dont il s'empare, nous devons, par rapport à cette polarité-là, concevoir la polarité qui fonde l'attrait *sexuel* comme plus « abstraite », c'est-à-dire, comme plus détachée de la nature particulière et unique de ses porteurs. Quoiqu'elle aussi ne se prive jamais complètement, surtout chez l'homme, d'une sélection individuelle, puisqu'elle aussi ne peut pas ne pas passer par les images ; mais, tournée exclusivement vers cette source d'excitation unique et *universelle* et en tant qu'expression de la vitalité d'une seule zone du corps, elle sera par nature indifférente aux intériorités et aux âmes au sens étroit du terme. L'éros peut éclore en dehors de l'attrait sexuel, et l'attrait sexuel peut, à plus forte raison, s'exercer en dehors de l'éros. Mais du moment que les deux s'imbriquent, le cas privilégié de leur union et du « grand amour » entre deux êtres de sexe différent ne pourra, à l'évidence, se produire que lorsque à l'éros, déjà éveillé et dominant – et à la polarité, donc, des génies – s'associe, en un deuxième temps seulement, l'attrait sexuel, qui en restera dépendant en tant que polarité partielle *de second ordre* ; étant donné que le sentiment de base de ceux qui sont liés de cette façon – ce sentiment toujours renaissant et décrit par les poètes et les prophètes de tous temps (depuis Platon) – est celui d'une rencontre voulue par les étoiles et d'une affinité mystérieuse, en vertu de leur origine commune dans la même patrie des âmes. Si c'est, en revanche, l'attrait fondé sur la polarité sexuelle qui est en premier, auquel s'associe un élément érotique par la suite, alors l'essence (*Wesen*) de l'homme se trouve livrée aux exigences partielles d'une de ses zones et l'amour se paye d'autant plus par la perte du *genius albus* qu'il assume le caractère irrésistible d'une passion. Son terme néfaste est la dépendance sexuelle.

Gardant cette distinction à l'esprit, on déterminera facilement dans chaque attrait la part respective que prend l'éros au sexus et le sexus à l'éros. Pour le cas privilégié, on trouvera beaucoup plus d'exemples, dans la littérature supérieure, du côté féminin que du côté masculin. Nous pouvons admirer son expression la plus achevée dans le poème grandiose de la Droste sur les Dioscures qui, tout en prenant ses racines entièrement dans l'éros, a néanmoins été intitulé par elle-même *À Lewin Schücking*, ce qui apporte ainsi la preuve que pour les grandes âmes la différence sexuelle n'est pas un obstacle à la naissance de l'archétype. Le caractère de la strophe finale est parfaitement cosmique :

> Pollux et Castor, l'un est pâle et l'autre ardent,
> L'un de l'autre seulement le feu va dérobant,
> De la fidélité pieuse le signe pur –
> Ainsi, tends-moi la main, ô toi, mon Dioscure !
> Afin que le beau mythe encor se renouvelle :
> Sur le heaume jaillit une flamme jumelle.

Comparons-y l'alliance, également de nature d'abord érotique, d'Henri et de Mathilde dans l'*Ofterdingen* de Novalis et nous n'en méconnaîtrons pas la forte tendance sexuelle, ne fût-ce qu'en note d'accompagnement ; tandis que la passion magnifique, pleine de pathos – et caractérisée, en outre, par une réciprocité heureuse – entre Vittoria et le comte Bracciano dans la ravissante nouvelle de Tieck intitulée *Vittoria Accorombona*, est entièrement née d'une polarité sexuelle et n'emprunte de l'éros que les ornements. C'est cette passion sexuelle ornée érotiquement que, sauf erreur de notre part, les grands écrivains français ont seule connue ; elle a trouvé une expression théorique dans *De l'Amour* de Stendhal où l'érotique apparaît comme une « cristallisation » autour du noyau sexuel. L'inverse, à savoir une cristallisation sexuelle autour du noyau érotique, ne semble se trouver nulle part dans la littérature française, que ce soit sous forme théorique ou descriptive. – Quant à l'obsession et l'ensorcellement caractéristiques de la dépendance sexuelle, ils n'ont nulle part été exprimés de manière plus complète que dans les vers d'un poète français moins connu, Xanrof (vers notés par l'auteur il y plusieurs décennies, malheureusement sans autres références) :

Parce qu'elle passait, un soir
Qu'on l'aborda, tremblant d'espoir,
Et qu'elle dit « Il faudra voir »,
On est parti, l'âme ravi e;
On dit : C'est l'affaire d'un jour…
Puis cela devient l'amour :
Finalement on en a pour
Toute la vie.

Parce qu'elle a de très grands yeux,
Clairs comme deux gouttes des cieux,
Nous les croyons malicieux
Ou pleins de poétiques songes ;
Parce que son regard est doux,
Comprimant notre cœur jaloux,
Nous acceptons à deux genoux
Tous ses mensonges.

Parce que sa voix a des sons
Doux et clairs comme des chansons,
Pour lui plaire nous trahissons
Les secrets que l'on nous confie.
Parce qu'on aime son baiser
Et qu'on ne peut plus s'en passer,
On se sent lentement glisser
Vers l'infamie.

Parce qu'elle est comme un enfant,
Que sa faiblesse la défend,
Elle prend un air triomphant
Et vous nargue, quand on se fâche ;
Las enfin d'être torturé
Quand on lui dit : « Je te tuerai ! »
Parce qu'elle aura bien pleuré,

On devient lâche.

Parce qu'elle s'envole un soir,
On se sent pris de désespoir,
Et pour aller au pays noir
Par-dessus un pont on se jette !...
L'amour, ce sentiment subtil,
Et très remarquable en ce qu'il
Distingue l'homme, - paraît-il,
D'une autre bête !

Les quatre vers finaux révèlent le vrai savant, pour lequel il est hors de doute que seulement l'homme, et jamais l'animal, succombe à la *passion*, et qui reconnaît son action fatale même dans des domaines où l'infatuation morale préfère s'en moquer en tant que « manie », à savoir : dans la dépendance sexuelle.

Le deuxième moyen de distinguer entre sexus et éros consiste dans l'analyse des sentiments qui accompagnent les contraintes amoureuses intenses. Mais les sentiments amoureux de cette catégorie sont pour leur plupart des sentiments « mixtes » dans lesquels on repère sans difficulté trois états de base :

désir (*Begierde*) – tendresse – abandon

Si nous tenons compte du fait que le désir lie l'être de celui qui désire, mais que l'abandon le délie, nous n'hésiterons plus, d'après ce que nous venons de dire plus haut, à reconnaître que plus une motion comporte de désir, plus elle relève du sexus, et plus elle comporte d'abandon, plus elle relève de l'éros. La tendresse, bien qu'indivisible, se trouve au milieu et est dominée tantôt par le sexus, tantôt par l'éros. Cette clef permet d'ouvrir des portes sept fois scellées et donne également accès au *sens* de la pulsion sexuelle, qui, jusqu'aujourd'hui, est enseveli sous les épaisses ténèbres de la dénonciation moraliste. Seulement le sexus, par exemple, et non l'éros, est capable de jalousie ; et même l'amour le plus « céleste », du moment qu'à l'égal de l'amour chrétien il est *exigé*, s'enracine, malgré sa prétendue « sublimité », entièrement dans le sexus, tandis que le mot que la sagesse de Goethe met dans la bouche de la bien *légère* Philine atteste la victoire de l'éros : « Et si je t'aime, en quoi est-ce que cela te regarde ?. »

Puisque l'homme moderne pense (ou croit penser) dans les catégories de « l'évolution », permettons-nous d'ajouter encore quelques autres aphorismes. – Celui qui a l'habitude d'observer attentivement des animaux domestiques se convainc facilement du fait qu'à côté des périodes de rut, ils connaissent également la tendresse, mais non l'état d'abandon, qui, à des degrés divers, distingue l'homme. Au niveau animal, le mode de vie naturel serait ainsi la domination par le sexus et la subordination de l'éros. Si l'homme originel ou « pélasgien » se distingue de l'animal par la domination par l'éros et la subordination du sexus, nous n'aurions plus le droit de parler *indistinctement* du sexus animal et du sexus humain et de transférer simplement la dignité métaphysique indubitable de celui-là à celui-ci ; car la *domination* par le sexus animal serait maintenant un fait *contre nature*. Et si, à l'intérieur de la civilisation, le sexus dés-érotisé se trouve même largement répandu, surtout du côté masculin, nous ne devons surtout pas vouloir le déduire de la pulsion sexuelle animale, mais plutôt y voir un phénomène de dégénération qui témoignerait d'un trouble. Mais si la domination de l'éros va de pair avec la capacité du corps entier d'éprouver de la volupté, la particularisation mentionnée plus haut doit être comprise comme un *isolement*, et la séparation idéologique de l'homme en une partie « supérieure » et une partie « inférieure » s'avérerait être la conséquence d'un *clivage* des pôles ou, pour parler de manière plus concrète et plus grossière, d'une séparation entre la tête et le bas-ventre, de façon à ce que celui-ci ait désormais à servir une volupté mutilée et celle-là une volonté mutilée. Mais le pouvoir mutilant serait alors l'esprit ! Ce faisant, nous avons attribué au sexus *l'un* des points focaux de l'ellipse vitale ; cette interprétation provoque certainement d'autres interrogations, mais elle ne reste sûrement pas en deçà d'aucune des nuances sémantiques du sexus.

Peut-être certains lecteurs voudront-ils nous objecter que même si le sexus peut exister sans l'éros, l'éros ne pourra pas exister sans le sexus, et ils se réclameront d'observations faites par exemple chez les castrats. Une telle objection aurait cédé à l'erreur de traiter l'organisme comme une machine composée de parties et serait par ailleurs objectivement fausse puisque même des eunuques peuvent être dotés d'une capacité d'ivresse érotique. Quand des Métragyrtes et des Cybèbes au service de Cybèle, et plus tard même certains extatiques chrétiens, se mutilèrent eux-mêmes, ils ne le firent naturellement pas pour anéantir leur capacité d'ivresse, mais dans le but d'éradiquer les *troubles* que celle-ci subit par l'action du sexus. Or, sans nous attarder sur ce problème, nous essaierons à l'aide d'une image de rendre la différence entre la vivacité érotique et la vivacité dés-érotisée sensible à ceux mêmes qui se sont habitués à voir dans le sexus le centre de la vitalité.

Nous comparons le sexus à la lumière d'un fil électrique ardent, l'éros au dense verre dépoli qui l'englobe, et la vivacité érotique à la lampe ainsi formée, remplissant l'espace d'une flamme qui de tous les côtés se répand de manière régulière. Démontons maintenant le verre laiteux et mettons à sa place un miroir aveuglant : au lieu de la lumière douce et chaleureuse, nous obtenons un rayon cru (= sexus ligaturé) et au lieu du verre illuminé, un pauvre tesson sans lumière (= éros châtré). Ce qui explique en même temps pourquoi avec la diminution de l'éros peut aller de pair une augmentation de l'énergie du sexus, tandis que le principe unificateur de la motion originelle aurait cédé au principe séparateur.

[10] Cité d'après Böckel, *Psychologie de la poésie populaire*, p. 202.

[11] *Ibidem*, p. 198.

[12] Le *Dithyrambe corybantique* était entre temps devenu accessible grâce à une édition privée bibliophile (Alfred Schuler, *Dichtungen*) qui réunit, avant tout pour le cercle des amis, les fragments spécifiquement poétiques. (La livraison se fit par Kurt Saucke et Cie., Hambourg). Plus récemment, l'œuvre posthume a pu paraître : Alfred Schuler, *Fragmente und Vorträge aus dem Nachlass. Mit einer Einführung von Ludwig Klages*, Leipzig, 1941.

[13] Un fondement épistémologique plus précis du concept d'image se trouve dans les chapitres six et sept de notre livre *De la Nature de la conscience,* aussi bien que dans *L'Esprit en tant qu'antagoniste de l'âme.*

[14] Bachofen, *Gräbersymbolik der Alten*, p. 282.

[15] Cf. Rohde, *Psyche*, 2ème édition, t. I, p. 226, n. 3 aussi que tout le chapitre « Pflege und Vererbung der Toten ».

[16] Julius Lippert, *Die Kulturgeschichte in einzelnen Hauptstücken*, t. III, p. 75.

[17] *Zeitschrift füt Pathopsychologie*, t. II, cahier 1, 1914, p. 12-14.

[18] Martin Ninck a fructifié ces résultats, combinés à notre conception générale de la nature des images et leur rapport au culte des morts, en les appliquant à l'analyse de l'élément protéen lui-même, l'eau. Voir sa belle étude : *Signification de l'eau dans le culte et la vie des Anciens.*

[19] Extrait de *Vom Traumbewußtsein*, l.c., p. 10-11.

[20] Rohde, *Psyche*, 2ème édition, t. I, p. 193-194.

[21] Profitons de cette occasion pour compléter nos considérations terminologiques du premier chapitre en observant que la langue allemande permettrait, elle aussi, de désigner l'éros du culte des ancêtres de manière presque parfaite, si nous remontions au sens originel du mot

minne. Mais étant donné que, tout comme l'éros des Grecs archaïques s'affadissait en celui des Bucoliques, le terme de *minne* s'était déjà affaibli dans le sens de la *Liebe* d'aujourd'hui à travers son usage dans le lyrisme chevaleresque du Moyen-Âge et sa redécouverte, dans cette acception, dans la poésie vers 1780, l'emploi du terme dans le sens de l'Antiquité germanique n'est pas possible. Un regard rétrospectif sur le sens originel de *minne* est d'autant plus instructif.

Ayant la même racine que *mahnen, meinen, mind, mens, memini, μιμνήσχω, etc.*, le terme désigne de manière périphérique à peu près : « s'en souvenir affectueusement », mais de manière centrale la potion de souvenance qui accompagnait les fêtes sacrificielles de sans doute toutes les tribus germaniques. On buvait la *minne* d'Odin, celle des bêtes sacrificielles (!), et – celle des défunts ; au Moyen-Âge, on buvait la *minne* des saints, par lesquels l'Église avait substitué les êtres démoniques. « Pour clore le repas, l'empereur Otton I († 973) », lit-on chez Pfannenschmid, « but dans le cloître Emmeran près de Ratisbonne avec ses compagnons de table la *minne* à l'honneur de saint Emmeran. Pendant cette libation solennelle (*Minnetrank*), on s'enlaçait et s'embrassait en s'exhortant à boire. » La *minne* originelle est donc une forme d'évocation des âmes des ancêtres et des dieux et, par conséquent, l'évocation de l'union avec celles-ci dans l'abandon érotique de l'âme du buveur aux essences animiques présentes dans la potion elle-même. Mais nous anticipons sur les développements à venir.

22 Rappelons un fait familier aux connaisseurs des légendes et traité de manière détaillée par Rohde et d'autres, mais qui, nous semble-t-il, n'a jamais encore été mis en valeur pour attester la différence entre la conception pélasgienne de la mort et les idées qui *nous* sont familières, qui vont de l'anéantissement de l'existence jusqu'à la *possibilité d'abolir la mort* : nous pensons au fait du *ravissement (Entrückung) physique.*

L'exemple peut-être le plus célèbre d'un ravissement, auquel se mêle cependant l'idée de métamorphose, est le sacrifice d'Iphigénie. Le voyant Kalchas avait annoncé qu'Artémis, en colère, n'enverrait des vents propices à la navigation que si on lui sacrifiait Iphigénie, la fille d'Agamemnon. On la conduit à l'autel, le couteau du prêtre s'abat sur elle ; mais au même moment, au lieu d'elle, une chienne couverte de sang se trouve couchée sur l'autel. Comme au sacrifice d'Isaak par Abraham, la divinité a accepté le sacrifice de l'animal à la place de l'homme, et nous trouvons confirmée par la version incomparablement plus sensuelle de la légende grecque l'idée selon laquelle il s'agit bien davantage d'une métamorphose que d'un simple remplacement. Seulement, s'y ajoute une idée entièrement nouvelle. Iphigénie, dit-on, fut *enlevée physiquement* par la déesse et transportée dans le temple d'Artémis en Tauride. Tout se passe comme si son horrible sacrifice n'eut été qu'un rêve qu'elle fit : comme en rêve, elle fut transportée sur une île lointaine au moment où elle s'attendait à mourir. Mais ainsi se seraient passées les choses dans la réalité diurne : le monde de l'âme voyante *domine* le monde du corps sensible ! Cependant, tandis qu'ici, il ne s'agit que d'un enlèvement vers un autre paysage, un cas plus habituel est celui de l'enlèvement vers le *royaume des morts*.

Le héros et le voyant argivien Amphiaros, de la famille du devin Melampus, est contraint de participer à la campagne militaire contre Thèbes ; poursuivi par ses ennemis, il s'engouffre vivant dans la terre, après que celle-ci eut été fendue par la foudre de Zeus, lui permettant d'y vivre « éternellement ». Trophonios, architecte à l'origine, lui aussi poursuivi, s'enfonce également, près de Lebadeia, dans la terre pour une vie éternelle et, devenu un démon de l'oracle, il interprète l'avenir des hommes. De même pour le séjour de Lapithe Kaineus, lui aussi enlevé de surface de la terre. – Mais de telles « légendes » sont familières à l'humanité pélasgienne entière. Il suffit de penser, par exemple, à Charlemagne dans le Odenberg – Frédéric Barberousse dans le Kyffhäuser – Henri l'Oiseleur dans le Sudemerberg, près de Goslar – Charles Quint dans le Untersberg, près de Salzburg – Holger Danske sous le rocher de Cronborg, près de Copenhague. – On avait l'habitude de descendre vers ces personnages disparus soit pour connaître l'avenir soit pour guérir d'une maladie dangereuse. Étant donné que le démon de l'oracle était, malgré son enlèvement physique, entré dans le royaume des morts et que, par conséquent, il était devenu entièrement une « âme », c'est-à-dire, une image, nous ne nous étonnons pas que l'on crût le rencontrer sous la forme d'un serpent et qu'on lui apportât des gâteaux de miel pour le dompter. Notre équation entre âme et image se trouve confirmée de la manière la plus forte par le fait que le visiteur souterrain reçut les informations prophétiques ou thérapeutiques uniquement lors d'un « sommeil d'incubation », c'est-à-dire dans le rêve. Un indice plus net de la source de toutes les croyances en l'âme se laisse difficilement imaginer ! La mort y joue un rôle secondaire, au point qu'il n'est même pas nécessaire d'être mort pour habiter le royaume des âmes. La cure et les offrandes s'adressaient moins à ce qu'aujourd'hui nous appelons « l'âme » qu'à l'*image* du vivant ; et cette image, toujours mouvante et soumise à la métamorphose, a même, occasionnellement, le pouvoir d'entraîner derrière elle le corps et de le mettre – sans l'intermède de l'agonie – au milieu de la réalité des images.

Par ailleurs, nos développements ne traitent pas des idées archaïques sur la mort en général, mais seulement dans la mesure où celles-ci constituent le fondement du culte des ancêtres. Les conceptions de la mort des temps antiques et des primitifs présentent une très grande variété à l'intérieur de laquelle même l'idée de l'anéantissement de l'âme et, avant tout, la peur des fantômes, à tous les degrés, trouvent leur place. Mais même pour la compréhension du parti opposé au nôtre, on trouverait difficilement la clef sans la science de la réalité des images. Du moment qu'il se savait mortel, l'homme, méditant la mort, éprouve, depuis les temps immémoriaux, un frisson de séparation qui jette une ombre de deuil incomparable sur le lieu de l'âme des défunts, surtout s'il s'agit d'une mort récente. Les complaintes mortuaires des peuples nous révèlent cet état de fait avec une violence saisissante, dont voici deux exemples, une nénie roumaine (citée d'après Böckel, *Zur Psychologie der Volksdichtung*, p. 115) et une complainte de la tribu indienne des Kol (citée d'après Tylor, *Die Anfänge der Kultur*, t. II, p. 32) :

Tu veux nous quitter
Et tu sais que nous t'aimons,
Sais que nous ne te haïssons
Et pourtant veux-tu t'en aller !
O viens et reste avec nous
Ne quitte pas la fille et le fils !
Vois, les arbres sont verts
Et le troupeau sans toi
Ne voudrait aller au pâturage !
O reviens vers nous
Et ne nous cause des douleurs ;
Pense à tes amis
Pense à ta maison !
Ne te laisse pas séduire
À t'en aller solitairement !
Nous voulons faire tout
Pour te plaire ô bien-aimé,
Mais reviens seulement vers nous !

Et le chant des Kheriah est encore plus poignant :

Jamais nous ne t'avons grondé, jamais nous ne t'avons offensé :
Reviens vers nous !
Toujours nous t'aimions et te soignions, et nous vivions longtemps

Sous le même toit :
Ne le quitte pas maintenant !
Les pluies nocturnes et les jours froids et orageux s'approchent,
O ne te promène pas seul !
Ne demeure pas auprès de la cendre éteinte, reviens vers nous !
Tu ne trouveras pas la protection sous le pipul
Quand la pluie violente s'abattra.
Le pâturage ne te protège pas du froid glacial des vents.
Rentre à ta maison !
Nous l'avons balayée et nettoyée pour toi ;
Et nous sommes là, nous qui toujours t'aimions ;
Et le riz est posé sur la table pour toi, et l'eau ;
Rentre chez toi, reviens vers nous !

Or, la séparation d'avec la vie diurne ne signifie pas toujours l'entrée dans ce pays « dont jamais nul promeneur ne revient ». Au contraire, et c'est un fait connu des archéologues et des ethnologues, l'homme pélasgien, jusqu'à des époques récentes, savait faire le récit circonstancié de ces personnes qui *revenaient* du pays des morts. Il est inutile de rappeler le voyage à l'Hadès d'Ulysse, Orphée et Eurydice, Hercule, qui força le chien infernal à surgir sur terre, ou le récit si souvent répété de Plutarque *Sursis des punitions divines*, ou le grand nombre d'histoires semblables dans *L' Ami du mensonge* de Lucain, écrit dans un esprit sarcastique. Mais nous voudrions souligner le fait que des récits parfaitement comparables se trouvent chez les diverses tribus d'Indiens, chez les nègres d'Afrique, chez les habitants de la Nouvelle-Zélande, les Camatschadales, les Chinois, bref, à peu près partout, et non moins dans les mythes et les légendes de peuples fort différents entre eux, comme les Finlandais et les Hindous ! Mais si s'établit ainsi une sorte de communication personnelle entre le somnambule et les âmes des morts, le monde des morts et le monde des visions oniriques et extatiques s'avèrent être un seul et même !

[23] Lippert, 1c, p. 119.

[24] Sur le caractère intangible des qualités, on se reportera au chapitre « Les fondements de la doctrine des sensations » dans *De la Nature de la conscience* et, en outre, à *L'Esprit en tant qu'antagoniste de l'1âme.*

[25] Le satyre, protagoniste dans le cortège de Dionysos, a des pieds de bouc. Trag-odia signifie littéralement « chant de bouc ». Le bouc est l'animal sacrificiel privilégié des cultes chthoniens. L'initié accompli aime se nommer Eriphos = jeune bouc. – De nos jours, il est plus facile, aux esprits ouverts, de comprendre la nature démonique du taureau que celle du bouc, dont l'archétype a été obscurci par le transfert de la nature

du bouc au diable chrétien. Que le lecteur qui voudrait essayer de retrouver celle-ci se plonge dans la contemplation du capricorne, dans le chef majestueux duquel l'œil aux lourdes paupières semble voiler une incandescence secrète, comme si les lueurs d'une braise souterraine jaillissaient d'un antre rocheux. Alors, il ne s'étonnera plus que l'archétype du capricorne eût été associé à l'idée d'une ardeur élémentaire.

SOURCES

Si nous entreprenons ici d'indiquer au lecteur non spécialiste comment il peut se procurer le plus facilement un aperçu des résultats de la recherche sur les mystères et les légendes jusqu'à nos jours, nous ne prétendons aucunement présenter un exposé de cette partie de l'histoire des sciences, aussi schématique fût-il. Aux yeux d'une époque orientée philosophiquement, ce ne serait pas le progrès des sciences de la nature qui garantira à l'évolution scientifique du siècle dernier une valeur durable, mais les sciences historiques, dont il faudrait nommer en premier lieu les spécialistes de la préhistoire, les mythologues, les archéologues, les linguistes, les ethnologues et les « folkloristes ». Ce qui sur le seul sol allemand (et ensuite aussi en Angleterre et en France) a été fait en ce domaine depuis, d'un côté, un Creuzer, un Grimm de l'autre, n'a pas d'équivalent dans la recherche jusqu'à ce jour, du moins si l'on considère la multiplicité des objets d'étude, et ne pourrait être traité, même en se limitant à l'essentiel, qu'en un volume à part. Celui qui voudrait s'informer davantage pourra par ailleurs se référer au livre de Otto Gruppe, dont les *Cultes et mythes grecs dans leur rapport aux religions orientales*, en y incluant l'Antiquité, classe et analyse sur environ 300 pages les interprétations les plus importantes des mythes, connues jusque-là (1887). Mais que le lecteur se garde de partager les jugements de valeur de l'auteur, dont l'érudition surprenante et l'esprit hypercritique contrastent malheureusement avec la pauvreté et le caractère problématique, non moins surprenants, de ses propres analyses ! Nous ne mentionnerons ici, en revanche, que les écrits auxquels notre étude sur l'éros doit quelques contributions, du point de vue de notre intention de recherche (précisée plus loin) et dans le but de donner une idée au lecteur de ce qu'il peut attendre de leur étude. Ce n'est donc ni par ignorance ni par mépris que certains grands noms ne seront pas cités ici.

Pour introduire dans le savoir factuel sur les cultes secrets de l'Antiquité, on peut renvoyer à De Jong, *Das antike Mysterienwesen*. Le livre fournit la matière essentielle de manière suffisamment complète et présentée avec beaucoup de clarté ; il n'a pas l'ambition d'être particulièrement profond et reste dans ses quelques tentatives d'explication très prudent ; tous les écrivains de l'Antiquité sont cités en traduction allemande pour faciliter sa lecture par un public plus large, auquel il s'adresse explicitement. Pour la période transitoire, on consultera, de manière complémentaire, *Die Zeit Konstantins des Großen*, de Burckhardt, et, par exemple, Aurich, *Das antike Mysterienwesen in seinem Einfluß auf das Christentum.* – Les fondements de la doctrine religieuse des Germains sont analysés de manière courte et objective dans Mogk, *Germanische Mythologie.* – Au monde religieux sémitique introduit sans difficulté Robertson Smith, *Die Religion der Semiten* (traduction allemande de Stübe), à celui de l'Amérique préhistorique l'ouvrage connu de J. G. Müller, *Geschichte der amerikanischen Urreligionen.* Quant aux dictionnaires, nous recommandons la *Mythologie grecque* de Preller (écrite, en outre, dans un style brillant et chaleureux) et le *Dictionnaire mythologique* de Roscher, aussi bien que Pauly, *Realenzyklopädie.*

Dans le domaine de l'ethnologie, on peut toujours citer les deux œuvres principales de Tylor, aussi complètes que de lecture aisée, *Urgeschichte der Menschheit* et *Die Anfänge der Kultur* (toutes deux traduites en allemand par Spengel et Poske), auxquelles correspondent les nombreux écrits de son contemporain allemand, Julius Lippert. Mais l'Anglais offre l'avantage de mettre en valeur la simultanéité des légendes et des coutumes et d'accentuer moins la doctrine de l'affect de la peur génératrice des dieux, qui était alors florissante. Dans les œuvres surchargées et encombrées de Bastian, auteur certainement important, le lecteur non spécialisé entrera plus difficilement. – À tous ceux qui s'intéressent pour ainsi dire à la face occulte de l'histoire de l'humanité, on peut recommander comme introduction Bruno Schindler, *Das magische Geistesleben* (1857), et pour une approche approfondie l'ouvrage en cinq volumes de Görres, *Christliche Mystik*, qui par la richesse de ses sources, du moins dans le domaine de l'occultisme chrétien (à quoi s'ajoute l'animation captivante de cette masse considérable) et malgré la contradiction des érudits du jour, est unique en son espèce.

Si les ouvrages précédents ont une valeur essentiellement informative et didactique, ceux qui suivent ont contribué à de véritables découvertes. – Une première tentative de comprendre l'état de conscience archaïque par la vie onirique revient à l'ouvrage en deux tomes de Laistner, *Das Rätsel der Sphinx. Grundzüge einer Mythengeschichte* (1889), insatisfaisant du point de vue de la pensée, mais excellent par la richesse de la matière et la nouveauté dans la manière de saisir les rapports. Laistner ne s'avance pas jusqu'à l'hypothèse du caractère onirique de l'état de veille originel et ne tient compte que du cauchemar, mais il a le mérite incontestable d'avoir prouvé l'affinité essentielle entre des formations mythiques et les phantasmes oniriques et d'avoir découvert à cette occasion l'extension surprenante d'un motif de légende, celui de la « peine du questionnement ». –

Sans rapport direct avec notre sujet, nous ne pouvons pas ne pas mentionner, parmi les grands auteurs qui après Grimm se sont consacrés à l'étude des légendes, les guides les plus importants dans la mythologie dite mineure, à savoir Schwart, Kuhn et Mannhardt ; l'ouvrage principal de ce dernier, *Wald- und Feldkulte*, apporte à un degré inédit des informations sur les us et coutumes et, malgré quelques explications qui ne sont plus valables, il ne saura être lu sans un sentiment de sympathie profonde par tous ceux qui n'ont pas encore complètement perdu les attaches avec la couche vitale que représente le peuple. De même, il faut citer Pfannenschmid, *Germanische Erntefeste* aussi bien que *Das Weihwasser im heidnischen und christlichen Kultus*. – Pour une connaissance approfondie des orientations religieuses de l'Antiquité grecque, l'ouvrage de Rohde, *Psyche*, reste indispensable. Le corpus très étendu et clairement présenté de ce livre et ses formulations d'une intelligence peu commune ne permettraient néanmoins guère de le citer parmi les ouvrages de « découverte », s'il n'y avait la description magnifique et richement documentée de l'orgiasme dionysien dans le second volume, dans lequel on peut voir l'impact nietzschéen le plus fort, à ce jour, dans le domaine *archéologique*. Mais de manière générale, Rohde n'est en aucun endroit allé au-delà des intuitions de son ami de jadis et il tait complètement l'influence de celui-ci sur ce livre, qui déjà à l'époque se conformait au savoir académique. Ses développements sur Éleusis, par exemple, restent pauvres ; il fut incapable de découvrir la différence de nature entre culte de l'âme et croyance en l'immortalité ; et l'hypothèse selon laquelle la mystique dionysienne serait à l'origine de celle-ci est sans doute erronée.

Aussi grand que fût l'aspect novateur des ouvrages que nous venons de citer, aucun d'eux n'avait provoqué une réorientation décisive dans l'interprétation de la conscience archaïque. On irait trop loin en affirmant qu'une telle réorientation soit associée aux deux noms que nous allons citer ; mais on peut dire qu'elle *commence* à s'attacher au premier et nous ajoutons notre conviction qu'elle s'achèvera dans le deuxième. *La Naissance de la tragédie* de Nietzsche marque le début d'une interprétation entièrement nouvelle des fondements animiques de l'Antiquité et, partant, de la préhistoire entière et doit par conséquent être connue et assimilée par tous ceux qui voudront s'attaquer à l'étude de la pensée symbolique et des rêves mythiques. L'emprunt de termes techniques à Schopenhauer et l'introduction de problèmes musicaux sont quelques défauts secondaires de cet ouvrage très important ; plus lourd pèse la conception parfaitement floue de l'apollinisme, qui a empêché son auteur de voir que le contenu sémantique de celui-ci, que l'on peut clairement déterminer, coïncide avec le socratisme, qui, en revanche, lui est si familier. – Mais avant même que Nietzsche profilât davantage sa grandiose révolution du savoir sur la métaphysique dionysienne en démontrant dans l'état originel de l'âme l'opposition au monde diurne des Olympiens, dans la pensée d'un autre chercheur s'était déjà accompli ce que la « mythologie mineure » et, avec elle, tout le romantisme avait cherché sans le trouver, je veux dire : la découverte que, dans l'espace méditerranéen et probablement dans l'humanité entière, à l'« uranisme » de la conscience diurne avait précédé un « chthonisme » de la conscience nocturne, qui, partout, n'avait cédé la place au premier qu'après des combats durs et parfois sanglants.

C'est J. J. Bachofen (1815-1887) qui entreprit, dans ses deux œuvres principales, *Le Droit maternel* et *La Symbolique des tombeaux* (et également dans *Le Peuple lycien* et *La Légende de Tanaquil*, d'importance guère moindre), d'analyser l'histoire de l'Occident dans la perspective du conflit entre « matriarcalisme » et « patriarcalisme », dégageant la strate originelle des légendes et des symboles avec une perspicacité divinatoire et défendant la thèse, consolidée par une érudition sans égale, qui postule l'existence d'une religion primitive indifférente aux frontières entre les temps et les peuples et dont les formes sociales correspondantes, les notions juridiques, les coutumes, les mœurs et les conceptions religieuses s'opposaient de la manière la plus radicale à toutes les convictions et à tous les commandements de l'agent rationnel de « l'histoire mondiale » ! L'affaire eut un certain retentissement. Les ethnologues s'y intéressaient les premiers, et voici qu'un Morgan, un Kowalewsky, un Lubbock *etc.* étaient capables de trouver chez de nombreux « peuples naturels » que l'on peut encore trouver de nos jours, exactement ce type d'institution et de coutume que Bachofen avait déduit des seules idées cultuelles de l'Antiquité. L'ethnologie aussi bien que la science du droit ont entre-temps assimilé la notion bachofenienne du matriarcat. Des partisans du communisme, comme le très érudit Kropotkin, cherchaient à forger leurs armes dans la lutte contre le dogme capitaliste de la propriété en se référant, à l'aide de Bachofen, à l'histoire naturelle de l'humanité. Des controverses passionnées se sont déclenchées sur la nature, l'antiquité et l'origine de la famille et ont rétroactivement contribué à l'élargissement et à l'approfondissement de nos connaissances sur les premiers liens tribaux de l'humanité. Cependant, qui a aujourd'hui ne serait-ce qu'un pressentiment du fait qu'il convient de voir en Bachofen peut-être le plus grand explorateur de cette conscience archaïque, au regard de laquelle toutes les manifestations cultuelles et mythiques connues et, à plus forte raison, toutes les doctrines religieuses de l'humanité historique se présentent comme une dilution ou une décomposition de la source originelle ?

L'auteur de ces lignes reconnaît que la découverte des ouvrages principaux de Bachofen vers le tournant du siècle avait déterminé de manière décisive le cours de sa vie. Certaines de ses suggestions qu'il avait pu faire à un petit cercle de chercheurs et d'écrivains munichois de l'époque ont maintenant porté des fruits – de manière plus ou moins anonyme. Mais dans l'ensemble, la philosophie de la religion et la mythographie ne sont toujours pas arrivées au point où Bachofen se trouvait déjà dans les années soixante du siècle dernier. Car des ouvrages comme *Mutter Erde* de Dietrich, qui, d'un point de vue superficiel, semblent chasser sur le même terrain (sans que, sauf erreur de notre part, le nom de Bachofen y soit cité une seule fois !) restent, quant à la profondeur et la largeur de vue, infiniment en retrait par rapport à l'initiateur. – Bachofen a apporté à l'idée romantique de la polarité la preuve de sa provenance de la conscience originelle de l'humanité, avec des documents à l'appui que l'on est bien loin d'avoir épuisés. Ciel et terre, nuit et jour, lune et soleil, eau et feu, gauche et droite, *etc.* forment, comme corps et âme, des couples et ont tous le même sens ; c'est par ces rapports de réciprocité que, à l'instar du principe féminin réceptif et du principe masculin procréateur, l'univers se régénère. L'unité polarisée de cette façon est conçue dans le symbole de la mère aussi bien que dans celui de l'enfant, et leur rapport polaire réciproque fonde les idées des Mystères au sujet du cercle éternel. La vie de l'univers apparaît ainsi dans l'image d'une maternité qui rajeunit constamment par l'acte d'accoucher ; de même, tout être particulier entre dans un rapport de dépendance dévouée non, comme le pensait Bachofen, de la femme, mais de la mère, une et même, ou plus exactement de l'œuf, de la cellule vitale. La conséquence en est une accentuation excessive de la réceptivité et de la grossesse animique par rapport au principe procréateur, réduit aux services auxiliaires, et les conséquences sur le plan des mœurs en sont infinies. Bachofen a démontré en détail qu'il existait un « droit naturel » parfaitement « au-delà du bien et du mal » qui, sans souffrir la moindre restriction de la part d'une légalité arbitraire, garantissait le rapport le plus intime aussi bien de l'homme au monde que des hommes entre eux. Mais tandis que ses idées de cœur poursuivaient imperturbablement, à travers l'exégèse d'innombrables symboles, la visée que nous venons d'ébaucher (il suffit de se rappeler sa découverte du sens originel des usages et des dispositions dans l'*agon* grec, dont la perspicacité divinatoire n'a pas d'équivalent dans les études sur les mythes) – ses idées de tête sont, en revanche, influencées par la religion volontariste du christianisme et l'induisent à considérer comme un dépassement de soi et une évolution supérieure par rapport à l'état originel le processus (attesté en partie par l'histoire, en partie par la préhistoire) par lequel *l'esprit* – en soi totalement étranger aux images – s'empare pas à pas de la partie diurne de la vie. Le même chercheur qui d'un côté célèbre, dans des mots qui murmurent comme les sources souterraines, l'harmonie parfaite et englobante du chthonisme maternel, en comparaison duquel tout ce qui suivait n'est qu'une agitation malheureuse, – ce même chercheur est capable de se méprendre sur l'irruption de la volonté adverse, destructrice de la sérénité, en la qualifiant de transition vers une « étape supérieure » des mœurs ! Ce va-et-vient irritant entre ses idées de cœur et ses idées de tête, dont l'auteur lui-même ne se doutait guère, était sans doute ce qui s'opposait le plus à la juste compréhension et à la reconnaissance des mérites de ce grand novateur.

Malgré ces défauts, Bachofen a réussi à libérer l'image de l'âme originelle de l'enduit des siècles et à nous faire pressentir sa beauté ineffable. Livrer la clef épistémologique qui ouvre vers la profondeur et la vérité de cette image, voilà une des tâches de notre propre vie. Dans cette tâche, nous a aidés la grande chance d'avoir rencontré celui des contemporains auquel nous avons fait référence dans la première note de cet appendice. La mystériologie d'Alfred Schuler, confirmant en partie le chthonisme de Bachofen, pénétrant en partie vers des couches encore plus profondes, se situe, comme nous l'avons déjà fait remarquer, sur le terrain de la pensée symbolique et fournit la preuve la plus vivante de la vérité de ses résultats par le fait de sa simple existence, qui dans l'époque présente est à peine concevable !

Cet aperçu très sommaire des recherches sur les mythes qui ont été faites au siècle dernier demanderait d'être complété aujourd'hui de manière considérable. Mais nous pouvons nous en dispenser ici puisque entre-temps non seulement l'œuvre posthume de Schuler, mais également notre ouvrage principal *L'Esprit en tant qu'antagoniste de l'âme* ont paru, et le quatrième volume de ce dernier traite sous le titre « L'image du monde du pélasgisme » sur 227 pages de l'ensemble des problèmes concernant la pensée symbolique de l'humanité pré- et extra-historique en tenant compte de la littérature récente.

Chronologie

10.12.1872	Naissance à Hanovre.
1893	Installation à Munich ; rencontre avec Stefan George et Alfred Schuler.
1894-1904	Collaboration aux *Blätter für die Kunst* (*Feuilles pour l'art*) de George.
1896	Fondation de la « Société allemande de graphologie ».
1899	Début de la relation avec la comtesse Franziska zu Reventlow.
1901	Doctorat en chimie.
1902	Premier livre de Klages : *Stefan George*.
1903/1904	Fin de la « Ronde cosmique » ; rupture avec George.
1903	*Hestia* (première ébauche de l'œuvre principale).
1905	Fondation du *Séminaire psychodiagnostique* à Munich.
1908	Début de l'amitié avec Melchior Palágyi.
1910	*Die Probleme der Graphologie* (*Les Problèmes de la graphologie*) ; *Prinzipien der Charakterkunde* (*Principes de la caractérologie*).
1913	*Mensch und Erde* (*Homme et terre*) ; *Ausdrucksbewegung und Gestaltungskraft* (*Mouvement expressif et force créatrice*).
1914	*Vom Traumbewußtsein* (*De la Conscience du rêve*).
1915	*Bewußtsein und Leben* (*Conscience et vie*) ; installation en Suisse.

1916-1919	*Geist und Leben* (*Esprit et vie*)
1920	Début de l'amitié avec Hans Prinzhorn
1921	*Vom Wesen des Bewußtseins* (*De la Nature de la conscience*).
1922	*Vom kosmogonischen Eros* (*De l'Éros cosmogonique*).
1923	*Vom Wesen des Rhythmus* (*De la Nature du rythme*).
1925-1943	*Zeitschrift für Menschenkunde* (*Revue d'anthropologie*).
1926	*Die Grundlagen der Charakterkunde* (*Les Fondements de la caractérologie*) ; *Die psychologischen Errungenschaften Nietzsches* (*Les Acquis psychologiques de Nietzsche*).
1929-1932	*Der Geist als Widersacher der Seele* (*L'Esprit en tant qu'antagoniste de l'âme*).
1932	Médaille Goethe.
1933-1936	*Arbeitskreis für biozentrische Forschung* (*Cercle de recherches biocentriques)*.
1935	*Grundlegung der Wissenschaft vom Ausdruck* (*Fondement de la science de l'expression*).
1940	« Introduction » aux *Fragments posthumes* (*Fragmente und Vorträge*) d'Alfred Schuler.
1944	*Rhythmen und Runen* (*Rythmes et runes*).
1948	*Die Sprache als Quell der Seelenkunde* (*La Langue en tant que source de la science de l'âme*).
29.7.1956	Mort à Kilchberg près de Zurich.

1963	Fondation de la *Société Klages* (*Klages-Gesellschaft*) à Marbach sur le Neckar.
1964	Début de la parution des *Œuvres complètes* (*Sämtliche Werke*) en neuf volumes chez Bouvier (Bonn).

Indications bibliographiques

I. Traductions françaises

Les Principes de la caractérologie, trad. de W. Réal, Paris : Alcan, 1930.

Graphologie, trad. d'E. Reymond, Paris : Stock, 1943.

De la Nature du rythme, trad. d'Olivier Hanse, Paris : L'Harmattan, 2004.

II. Études

SEILLIÈRE, Ernest : *Le Néoromantisme en Allemagne* (III). *De la déesse nature à la déesse vie : naturalisme et vitalisme mystique*, Paris : F. Alcan, Paris, 1931.

THIBON, Gustave : *La Science du caractère. L'œuvre de Ludwig Klages*, Paris : Desclée de Brouwer, 1933.

FRAUCHINGER, Ernst : *Auf den Spuren des Geistes. Ein Neurologe mit Ludwig Klages und Teilhard de Chardin*, Bern/Stuttgart/Wien, 1974.

KASDORFF, Hans : *Ludwig Klages. Werk und Wirkung, Einführung und kommentierte Bibliographie*, Bonn : Bouvier, Bd. 1,1969, Bd. 2, 1974.

– *Ludwig Klages im Widerstreit der Meinungen, Eine Wirkungsgeschichte von 1895 bis 1975*, Bonn : Bouvier, 1978.

EUGSTER, Konrad : *Die Befreiung vom anthropozentrischen Weltbild. Ludwig Klages' Lehre vom Vorrang der Natur*, Bonn, 1989.

PAUEN, Michael : *Dithyrambiker des Untergangs. Gnostizismus in Ästhetik und Philosophie der Moderne*, Berlin, 1994

GROßHEIM, Michael : *Ludwig Klages und die Phänomenologie*, Berlin, 1994.

- et WASCHKIES, Hans-Joachim (éd.) : *Perspektiven der Lebensphilosophie*, Bonn, 1999.

HAMMER, Steffi (éd.) : *Widersacher oder Wegbereiter ? Ludwig Klages und die Moderne*, Heidelberg/Berlin, 1992.

SCHRÖDER, Hans Eggert : *Ludwig Klages. Die Geschichte seines Lebens*, Bonn : Bouvier, Bd. 1 (2ème éd.), 1996, Bd. 2, 1996 (2ème éd.), Bd. 3, 1992.

TENIGL, Franz : *Ludwig Klages. Vorträge und Aufsätze zu seiner Philosophie und Seelenkunde*, Bonn, 1997.

KRONAWETTER, Karl-Heinz : *Die Vergöttlichung des Irdischen. Die ökologische Lebensphilosophie von Ludwig Klages im Diskurs mit der christlichen Theologie*, Bonn, 1999.

SCHNEIDER, Tobias : « Ideologische Grabenkämpfe. Der Philosoph Ludwig Klages und der Nationalsozialismus 1933-1938 », dans : *Vierteljahrshefte für Zeitgeschichte*, 2/2001.

FALTER, Reinhard : *Ludwig Klages. Lebensphilosophie als Zivilisationskritik*, München : Telesma, 2003.

KOZLJANIČ, Robert Josef : *Lebensphilosophie. Eine Einführung*, Stuttgart : Kohlhammer, 2004, p. 149-194.

MÜLLER, Baal : *Kosmik. Prozeßontologie und temporale Poetik bei Ludwig Klages und Alfred Schuler*, München : Telesma, 2007.

TABLE DES MATIÈRES

Allemagne d'hier et d'aujourd'hui

Collection dirigée par Thierry Feral

L'Histoire de l'Allemagne, bien qu'indissociable de celle de la France et de l'Europe, possède des facettes encore relativement méconnues. Le propos de cette collection est d'en rendre compte.
Constituée de volumes généralement réduits et facilement abordables pour un large public, elle est le fruit de travaux de chercheurs d'horizons très variés, tant par leur discipline, que leur culture ou leur âge.
Derrière ces pages, centrées sur le passé comme sur le présent, le lecteur soucieux de l'avenir trouvera motivation à une salutaire réflexion.

Dernières parutions

Jean-Philippe MASSOUBRE, *Histoire de l'IG-Farben (1905 - 1952)*, 2008.
L. BOURCET-SALENSON, *Stefanie Zweig et l'exil juif au Kenya sous le Troisième Reich*, 2008.
Hanania Alain AMAR, *Otto Gross et Wilhelm Reich. Essai contre la castration de la pensée*, 2008.
Thierry FERAL, *Contre la vie mutilée*, 2008.
Pierre-Frédéric WEBER, *Le triangle RFA-RDA-Pologne (1961-1975)*, 2007.
Hanania Alain AMAR, *Les savants fous. Au-delà de l'Allemagne nazie*, 2007.
Dominique SIMON, *Le mouvement pacifiste en RFA de 1979 à 1983*, 2007
Paul LEGOLL, *Konrad Adenauer,* 2007.
H. A. AMAR, T. FERAL, M. GILLET, J. MAUCOURANT, *Penser le nazisme. Éléments de discussion*, 2007.
Denis BOUSCH (dir.), *Utopie et science-fiction dans le roman de langue allemande*, 2007.
Cécile PRAT-ERKERT, *Les demandeurs d'asile politique en Allemagne*, 2006.
Jan SCHNEIDER, *Johann Friedrich Reichardt et la France*, 2006.

L'HARMATTAN, ITALIA
Via Degli Artisti 15 ; 10124 Torino

L'HARMATTAN HONGRIE
Könyvesbolt ; Kossuth L. u. 14-16
1053 Budapest

L'HARMATTAN BURKINA FASO
Rue 15.167 Route du Pô Patte d'oie
12 BP 226
Ouagadougou 12
(00226) 50 37 54 36

ESPACE L'HARMATTAN KINSHASA
Faculté des Sciences Sociales,
Politiques et Administratives
BP243, KIN XI ; Université de Kinshasa

L'HARMATTAN GUINEE
Almamya Rue KA 028
En face du restaurant le cèdre
OKB agency BP 3470 Conakry
(00224) 60 20 85 08
harmattanguinee@yahoo.fr

L'HARMATTAN COTE D'IVOIRE
M. Etien N'dah Ahmon
Résidence Karl / cité des arts
Abidjan-Cocody 03 BP 1588 Abidjan 03
(00225) 05 77 87 31

L'HARMATTAN MAURITANIE
Espace El Kettab du livre francophone
N° 472 avenue Palais des Congrès
BP 316 Nouakchott
(00222) 63 25 980

L'HARMATTAN CAMEROUN
BP 11486
Yaoundé
(00237) 458 67 00
(00237) 976 61 66
harmattancam@yahoo.fr

647182 - Avril 2016
Achevé d'imprimer par

1livre.com
du rêve à la réalité !